La Pyramide

Angèle Pailler

La Pyramide

Six mois au cœur d'un crématorium

récit

© 2025 Angèle Pailler
Édition : BoD · Books on Demand, 31 avenue Saint-Rémy, 57600 Forbach, bod@bod.fr
Impression : Libri Plureos GmbH, Friedensallee 273, 22763 Hamburg (Allemagne)
ISBN : 978-2-3226-7485-5
Dépôt légal : juin 2025

« On ne voit bien qu'avec le cœur, l'essentiel est invisible pour les yeux. »

Antoine de Saint Exupéry

MERCREDI 3 AVRIL 2024

1 an. Pour l'occasion, j'ai apporté un gâteau au cognac, recette de ma défunte grand-mère. Il fallait marquer le coup. Ce 3 avril 2023 restera gravé dans ma mémoire. C'est le jour de ma prise de poste au crématorium. Un poste qui changera le cours de ma vie, mais je ne le savais pas encore.

Je devais y faire un bref passage. Mais j'y suis encore et j'ai grande envie d'y rester.
Aussi surprenant que cela puisse paraître. Ce crématorium, je m'y sens bien.

La compagnie et l'accompagnement des âmes en peine, ça nous apprend beaucoup sur nous et sur la vie.

Ce matin en voiture, j'écoutais la radio. Une interview d'une cadre infirmière qui exerçait en oncologie. Elle racontait que le café du matin dans son service avec ses collègues était très important car il permettait d'évacuer. Évacuer la pression, parler de ses émotions...c'est exutoire, et c'est la clé pour tenir dans ces environnements hostiles.

Je dis hostiles car malgré toute la vocation qu'ils suscitent, ils peuvent parfois nous effrayer, nous abîmer...laisser des traces...

Au crématorium, le café du matin a aussi une grande importance. C'est le moment de débriefer, de planifier, de s'organiser et aussi d'évacuer.
Il est important de le dire, car cette "pause" en équipe peut être perçue comme un temps de paresse.
Si tel est le cas, alors cette paresse est essentielle.

Nous voyons en moyenne 400 personnes endeuillées par jour, et nous accompagnons 7 à 8 défunts dans les flammes et l'au-delà.

Ce n'est pas rien. Et émotionnellement il faut savoir gérer.

Gérer pour tenir mais surtout et avant tout pour assurer une qualité de prise en charge irréprochable. Le droit à l'erreur chez nous c'est théorique.

Alors ce matin, le café accompagné du gâteau au cognac est l'occasion de replonger un an en arrière, de se remémorer les temps forts de cette année écoulée et de se rendre compte, de me rendre compte du chemin parcouru...

Chemin professionnel avec les évolutions au sein du service, mais chemin personnel également. Je n'aurai jamais pu imaginer la richesse accumulée en une année.

Alors oui évidemment, côtoyer la mort au quotidien change sa vision de la vie. C'est ce que tous s'accordent à dire, moi la première. En réalité, peu arrivent vraiment à se détacher des injonctions et pressions sociétales. Ce que je veux dire, c'est qu'il ne faut pas s'orienter vers le funéraire pour espérer apprendre à apprécier la vie. Cela relève à mon sens plus d'une prédisposition caractérielle. Même dans le funéraire il est possible d'être divorcé, parent célibataire avec une charge mentale et financière sur les épaules. La vie quoi... Ici agrémentée d'histoires terribles, sordides, malheureuses et quelques fois sereines et harmonieuses. Car il ne faut pas non plus croire que la mort c'est toujours triste.

J'ai appris ça aussi en une année, le pouvoir du rire et du sourire. Oui, au crématorium nous rions. Entre collègues, mais avec les familles également, au détour d'anecdotes partagées et de musiques écoutées (dédicace pour René la taupe).

Ce travail, qui pour moi est bien plus qu'un travail est passionnant car pas un jour ne passe sans surprise, sans apprentissage, sans réflexion, sans remise en question.

Aujourd'hui, la question du jour concernait la crémation d'un défunt porteur d'implants radioactifs ? Quels risques pour notre santé, pour nos appareils ? Nous avons mené l'enquête, passé des appels téléphoniques, les recherches sont en cours et nous attendons les réponses.

Le quotidien, je ne peux pas le résumer. Je ne peux pas vous présenter une journée type car il n'y a pas de journée type.
C'est pourquoi, j'ai choisi de partager, jour après jour, six mois de vie au crématorium.
Six mois au cœur de cette Pyramide où je m'engage chaque matin à donner le meilleur de moi-même...

JEUDI 4 AVRIL 2024

Nous sommes jeudi. Les jeudis ne sont pas des journées faciles au crématorium.
Ne me demandez pas pourquoi, je n'ai aucune explication rationnelle à apporter. C'est un constat que nous avons tous fait. Les jeudis sont des journées à ennuis.

Y'a-t-il un événement marquant qui s'est produit un jeudi dans l'histoire du crématorium ? Une âme qui s'est égarée ? Ou est-ce l'attention particulière que nous portons à cette journée qui fait que nos appréhensions se manifestent ? Là encore, je n'ai pas la réponse. Même si j'ai un penchant pour une des hypothèses, car je crois fortement aux manifestations surréalistes.
Et si j'y crois c'est parce que nous avons vécues des situations qui nous permettent d'affirmer que oui, dans un crématorium il se passe des trucs bizarres, et chez nous, encore plus le jeudi.

J'aurai très certainement l'occasion de raconter les péripéties des jeudis ou les événements inexplicables au long de ce récit. Je ne dévoile donc pas tout dès le 2ème jour. Il faut maintenir le suspense !

Je peux tout de même vous dire qu'aujourd'hui était une journée intense au niveau émotionnel. Les défunts étaient particulièrement jeunes... 41 ans, 51 ans, 54 ans...

On dit que dans toute période sombre il y a toujours une lumière, alors je voulais partager ma lumière du jour, cette remise d'urne ce matin.
Un monsieur vient récupérer l'urne contenant les cendres de son papa, crématisé la semaine dernière. Je me souviens très bien de lui puisque j'ai officié pour la cérémonie. Et chose assez rare dans notre

quotidien, j'ai reçu ce monsieur au crématorium pour préparer l'hommage. Habituellement les préparations se font par téléphone. C'est différent. Dans ce cas j'ai pu accompagner ce monsieur avant la cérémonie, pendant et après. Ce matin, la remise d'urne était un moment émouvant.

Ni le temps, ni l'âge n'altèrent la qualité du lien qui peut unir un enfant à son père et un père à son enfant. Passées les formalités administratives, j'accompagne ce monsieur auprès de son père. Le chemin vers l'urne, ses larmes qui montent, le silence, sa douce caresse sur l'albâtre froide, et le moment pour moi de les laisser en tête à tête se retrouver, l'espace d'un instant dans une dimension qui n'appartient qu'à eux...

Puis revoir, ce monsieur, ce fils, l'urne de son papa tenue fermement dans ses bras, se diriger vers la sortie, un sourire aux lèvres et des remerciements plein le cœur à me témoigner...

C'est ici que s'achève mon accompagnement. À cet instant précis, je sais pourquoi j'ai choisi ce métier. Pourquoi je n'en ferai pas un autre. Pour ça. Pour vivre ça. Pour ressentir ça.

Même s'il y a des jeudis à ennuis.

VENDREDI 5 AVRIL 2024

Deux jours de passés et je n'ai toujours pas ma réponse sur la possible crémation de défunts porteurs d'implants radioactifs[1]... C'est long.
C'est tout moi ça, ma patience légendaire a été maintes fois mise à rude épreuve !
J'aime quand ça avance.
Je pense faire partie de ces personnes qualifiées de proactives. Je trouve toujours quelque chose à faire, à étudier, à améliorer.

J'ai à cœur de satisfaire ma mission, et plus encore. Je suis fière d'œuvrer chaque jour pour le service public et je souhaite que le service rendu soit à la hauteur des attentes des personnes. Leurs demandes, leurs envies, dès lors qu'elles restent dans le cadre réglementaire sont ma priorité. Et elles le resteront. De même, je cherche toujours à honorer les volontés du défunt, quand celui-ci a pu les exprimer...

Hélas ce n'est pas toujours le cas. Bien souvent d'ailleurs, les familles se retrouvent démunies au moment du décès... Leur défunt n'avait rien dit, ou bien avait laissé aux vivants le choix de faire ce qu'ils veulent. Ou encore il avait exprimé sa volonté d'être crématisé mais n'avait pas précisé ce qu'il souhaitait pour le devenir de ses cendres...

Au moment du décès, faire des choix, qui plus est les bons s'avère pénible et difficile. J'encourage tout le monde à réfléchir à son devenir post mortem et surtout à en parler ! Cela ne fait pas mourir plus vite et épargne bien des aléas à ceux qui restent.

Dans le cas où les choix restent à faire, la personne en charge des obsèques peut prendre la suite en mains en son âme et conscience... Notre devoir d'information ici est alors crucial. Nous constatons trop

---

[1] Juin 2024 : Après de nombreuses recherches : la crémation est possible si les implants ont été posés il y a plus de 3 ans.

souvent que les familles ne savent pas les possibilités qui peuvent exister pour le devenir des défunts.

Au crématorium, il arrive aussi que nous gardions les urnes de ces âmes défuntes avec nous quelques temps... On veille sur elles avec tout le respect et la bienveillance qui leur sont dus. Une pièce entière leur est dédiée. Un endroit inaccessible au public où chaque défunt est en sécurité, le temps qu'une décision soit prise quant à son devenir.

Certains le vivent plutôt bien il me semble, d'autres pas du tout...malgré toute la délicate attention que nous leur portons quand nous leur rendons "visite".

Et croyez en vos yeux, hier je vous parlais d'événements bizarres, et bien aujourd'hui je vais vous raconter.

C'était le jour où quelqu'un allait enfin regagner son lieu de repos éternel après plusieurs mois passés auprès de nous. Mon collègue en charge de la remise de l'urne vient me voir après s'être enquis du bon devenir de cette personne.
« Écoute Angèle, je viens d'entendre quelque chose de curieux en salle des urnes, s'il te plaît, est-ce que tu peux venir ? »

Nous regagnons donc ensemble le local et lorsque que nous entrons, j'entends « au secours... » Je regarde mon collègue, qui me regarde, bref on se regarde, pas dupes.
Cela venait du fond de la pièce à gauche. Un bruit étouffé, comme si « la voix » était contenue dans une urne...

Et non, je le précise, ni mon collègue ni moi n'avons un quelconque passif en matière de troubles névrotiques ou psychotiques.

C'est curieux car au fond à gauche, c'est exactement là qu'a été déposée hier l'urne d'un jeune monsieur, qui peut être n'était pas prêt à mourir. Était-ce lui ? Était-ce nous ? Nous nous sommes dirigés vers lui, et selon nos convictions et nos ressentis les plus profonds, nous l'avons chacun, tour à tour rassuré.

Les collègues qui sont passés par la suite n'ont plus entendu de bruit.

C'est ça aussi, travailler au crématorium. C'est apprendre à écouter, à sentir, à ressentir, et à lâcher prise avec la rationalité. C'est accepter que parfois, la mort nous dépasse, nous surprend...

Et c'est aussi accepter que certaines personnes ne puissent pas toujours nous comprendre.

LUNDI 8 AVRIL 2024

Des semaines que nous l'attendions... Si ce n'est pas des mois.
On nous a dit d'être patients, que c'était encore un peu tôt...
Alors bon, moi vous le savez déjà, je ne suis pas patiente donc il est normal que je trépigne. Mais les collègues, eux aussi n'en pouvaient plus d'attendre !

De quoi commencer une belle semaine quand il arrive comme ça, sans crier gare un lundi de bon matin.
Il n'a pas de jour fixe, c'est quand il veut. Il a ce privilège, que beaucoup n'ont pas, et il a toujours su se faire désirer.

Alors ce matin, en le voyant arriver au loin j'ai souri. J'ai attendu qu'il se rapproche pour lui sauter dessus. En toute confidence, j'espérais au fond de mon cœur que les collègues ne passent pas avant moi... Je voulais être la première.

Une chance pour moi, ma collègue ne l'a pas vu arriver (ou n'en a pas fait de cas) et mon collègue a été très fair play, il m'a laissé cet honneur...

Gratitude +++

Je me suis rapidement changée, chaussée et j'ai franchi le seuil de la porte tondeuse à la main et seau sous le bras.

Le soleil. C'est lui que nous attendions.

Pourquoi ? Pour nos extérieurs. Car nos défunts, nous ne nous en occupons pas que dans les murs de la Pyramide. Il y a tous ceux qui reposent dans les columbariums, les cavurnes et au jardin du souvenir.

Et avec la pluie quasi incessante des dernières semaines nous avions du travail...

Le planning des crémations du jour étant relativement calme, c'était l'occasion ou jamais !

Je commence par la tonte (première grosse tonte de l'année) et le tri des fleurs fanées. Puis le moment le plus important, l'élimination des mauvaises herbes qui poussent au cœur de l'espace de dispersion. C'est un travail minutieux que je trouve extrêmement méditatif.
J'y accorde beaucoup de soin, et je prends mes précautions. Le désherbage est exclusivement manuel. Je n'utilise que mes bouts de doigts. Il est parfois nécessaire de piétiner l'espace pour retirer les herbes naissantes qui se trouvent au centre, et même si cela peut paraître heurtant, je tiens à préciser que dans ces moments-là, je ne « marche » pas sur les défunts mais j'œuvre pour qu'ils puissent reposer en paix éternellement, dans un endroit propre et soigné.

C'est intéressant d'étudier d'un point de vue éthique et sociologique la dispersion des cendres. Est-ce une tendance, la facilité, une réelle volonté du défunt ou une option à moindre coût ? Je pense que c'est un peu tout ça.
Mais quelles qu'en soient les raisons, ce qui est immuable pour nous est le respect que nous devons à ces personnes. Le corps, le cercueil, l'urne, les cendres, c'est sacré.

Rien n'est plus agréable que de se reposer dans un lit propre... C'est pour ces raisons là que je continuerai à chatouiller ces défunts du bout des doigts.

MARDI 9 AVRIL 2024

« Je vais vous parler d'amour. »

C'est ainsi qu'il a commencé son discours.
Cinq minutes où John a raconté 56 ans d'une histoire d'amour. Son histoire d'amour avec Violette.

J'ai trouvé cela très beau. Il a retracé leur rencontre, la naissance de leurs enfants, petits-enfants... Mais il a surtout parlé de Violette, de ce qu'elle était, de ce qui l'a séduit, de ce qu'il aimait chez elle, en elle.
C'était beau car j'ai découvert Violette, et j'ai compris pourquoi les larmes coulaient autant dans la salle.

Alors oui, les larmes coulent souvent sur les joues des gens me direz-vous. Mais parfois plus que d'autres. Et parfois, cela nous touche plus que d'autres. Pourquoi ? Parce que cela éveille notre sensibilité. Un détail, une expression, parfois un mot suffisent à ancrer ces cérémonies dans nos mémoires à tout jamais.

Violette, je m'en rappellerai.
Nous assistons à de nombreux offices, et bien qu'ils soient très bien orchestrés, ils sont parfois impersonnels car nul ne parle de la vie du défunt ou bien très peu.

En tant que maître de cérémonie, il n'est pas toujours aisé de récupérer toutes les informations qui permettent de rédiger la biographie du défunt. Et l'expérience nous montre que rien n'est plus authentique qu'un membre de la famille pour raconter le disparu, sa vie, ses traits de caractère...

Nous constatons assez régulièrement que ces moments d'au revoir sont aussi l'occasion pour certains de réparer, de se rattraper... Il arrive que nous en apprenions davantage sur la personne qui témoigne que sur le défunt...

Durant les 30 minutes où j'ai accompagné Violette et sa famille sur les mélodies de Barbara, j'ai saisi tout l'amour qui régnait autour d'elle. Cela a dépassé leur cadre intime puisque ça m'a percutée.

Je remercie profondément toutes ces familles qui nous laissent partager avec elles toutes ces émotions, tous ces sentiments... Je les remercie car j'apprends beaucoup à leurs côtés.
Un peu comme si travailler avec la mort était une école de la vie.

Et si certains ne peuvent savoir ce qu'est le véritable Amour, de mon côté, je peux dire qu'aujourd'hui j'en ai eu une magnifique démonstration...

« ♫ *Beau temps pour un chagrin que ce temps couleur d'ombre.*
Je reste sur le quai, mon amour. À bientôt ♫ » Barbara - Septembre

Ce qui est passionnant dans notre travail, entre autres, c'est l'imprévu.

Ne pas savoir ce qui peut se passer est presque enivrant. Cela maintient en éveil, forge le lâcher prise et les capacités d'adaptabilité.

La journée s'annonçait belle, il faisait beau, les oiseaux chantaient et les grenouilles coassaient.

Tout a commencé à basculer à l'arrivée du second convoi.

Je sors accueillir le corbillard et prendre en charge le défunt lorsque je perçois quelque chose d'inhabituel.

Un très joli cercueil en chêne. Jusque-là pourquoi pas, bien que le choix de l'essence peut être débattu au regard d'une crémation.

Non, ce qui n'était pas normal, c'était les ornements. Poignées et cache vis.

Je positionne le cercueil sur le chariot, je tâte, aucun doute.

« Zamak ? » dis-je en interrogeant l'opérateur funéraire. Sa réponse par l'affirmative déclenche un sourire sur mon visage.

Ça y est, le voilà mon imprévu qui me fait l'effet de trois doses de caféine en dix secondes.

« On va avoir un problème, le Zamak ne passe pas dans nos appareils."

— Tu déconnes? Depuis quand ?

— Depuis tout le temps. Va falloir retirer les poignées ou changer de cercueil. »

Expression désabusée de l'opérateur funéraire qui, comme moi, sent l'adrénaline qui commence à monter.

J'en profite pour alerter tout de suite ma responsable, qui est catégorique : retrait des poignées obligatoire sinon pas de crémation.

S'en suit une déferlante d'appels téléphoniques qui aboutissent à un fait indéniable : les poignées se démontent de l'intérieur et le cercueil est fermé et scellé.
Hors de question de les scier.

Dans le même intervalle, arrive la famille pour le recueillement. A l'opérateur funéraire de leur expliquer que la crémation n'aura pas lieu à l'heure dite, que les poignées posent problème au niveau des appareils, qu'il faut reporter pour la 3ème fois l'horaire d'inhumation au cimetière et surtout qu'il va falloir choisir un autre cercueil. Accuser les doléances. Puis les laisser se recueillir auprès de la défunte qui repose dans ce magnifique chêne d'inhumation.

En parallèle, appeler l'élu pour organiser le dépotage[2] d'urgence. Essayez de comprendre pourquoi le collègue n'a pas changé de cercueil quand il a su que finalement ça ne serait pas une inhumation mais une crémation et reprogrammer un horaire pour la crémation.
Par "chance", un créneau de disponible en fin de journée ! Ouf ! Madame pourra finalement rejoindre ses proches en soirée, dans cette concession au cœur de ce petit cimetière rural. Elle aura eu quatre heures de retard, en espérant que l'éternité qui les attend ensemble les console de cet imprévu qui aurait pu être prévu...

Évidemment, l'entreprise de pompes funèbres n'a pas passé une bonne journée...

---

[2] Opération funéraire qui consiste à transférer le corps d'un cercueil non adapté à la crémation vers un cercueil adapté à la crémation, en amont du délai de 5 ans qui conditionne la réouverture d'un cercueil. Cette opération est soumise à autorisation du Maire.

Nous au crématorium, nous avons accueilli le 3ème convoi, qui donnait lieu à une cérémonie prévue à 10h mais annoncée à 10h30 dans la presse.
Puis le 4ème convoi, où la cérémonie était prévue à 11h mais publiée à 10h15 dans le journal.
Je vous laisse imaginer le cafouillage !

Sans oublier ce règlement de compte entre deux clans d'une même famille sur le parvis du crématorium en début d'après-midi...

Tout ça dans la même journée.
Fort heureusement, tout s'est très bien terminé pour tout le monde.

Nos défunts sont parfois mis à rude épreuve... Et pourtant nous n'étions pas jeudi.

JEUDI 11 AVRIL 2024

Suicide : action d'une personne se donnant volontairement la mort.

D'après les dires de l'opérateur funéraire, le fusil était resté en place, juste sous ce qu'il restait du visage.
Robert avait 97 ans. Il ne voulait pas aller en maison de retraite. Il a choisi d'en finir.

Sur son cercueil, sa photo. Assis à une table en train de prendre un café et de manger ce qui ressemble à un gâteau, Robert sourit. Un sourire doux, simple, bienveillant.
Rien qu'avec ce portrait j'éprouve de la sympathie pour lui.

J'ai une tendre pensée, et j'imagine, tout du moins j'essaie d'imaginer ce qui l'a poussé à commettre ce geste d'une violence inouïe.
La décrépitude. La perte d'autonomie. La peur de l'EHPAD. L'angoisse de quitter un lieu de vie pour intégrer ce qu'il savait être un mouroir. Robert ne voulait pas de cette mort lente. À 97 ans, il a exprimé sa dernière volonté. Mourir dans la dignité. Et pour ça, il a choisi le jour, le lieu et comment il allait trépasser.

Suicide par arme à feu. C'est ainsi que ça se qualifie dans notre jargon.

« Il n'a pas été à l'IML[3] quand même ? »

C'est la question que je pose à l'opérateur funéraire, au pied du cercueil, les yeux rivés sur la photo.

« Non. » me répond-il.

---

[3] IML : Institut Médico-Légal

Je suis soulagée que Robert ait pu échapper à l'examen médicolégal voire à l'autopsie.
Il peut reposer en paix à présent.

La cérémonie d'hommage commence. Une dizaine de personnes sont présentes. Les visages crispés par le chagrin de l'avoir perdu et l'impuissance d'avoir pu le retenir.

Il suffira d'un texte pour apaiser ces visages. Un seul texte pour apporter un peu de réconfort à ceux qui restent.

Ce texte le voici :

« Dans l'obscurité qui t'a enveloppé,
ton âme s'est envolée vers des cieux inconnus
délaissant la terre, laissant derrière toi un océan de mystère.

Ton sourire jadis illuminait nos jours
mais dans ton cœur, il y avait un lourd poids.
Tes luttes intérieures, la souffrance silencieuse qui te consumait le soir…
Personne ne pouvait les voir.

Tu étais un homme aux mille facettes,
un océan d'émotions, un livre ouvert prêt à raconter.
Mais les mots se sont tus, le silence s'est installé
et ton départ tragique nous a laissés désolés.

Nous pleurons ta perte, ta présence nous manquera.
Ton absence laisse un vide immense en nos cœurs.
Mais nous voulons garder en mémoire ton être cher,
et honorer ta vie, tes rêves, tes passions, ton univers.

Les démons qui t'ont tourmenté ne peuvent plus te toucher.
Dans la paix éternelle nous espérons te voir reposé.

Puisses-tu trouver la sérénité là où tu es
et que ton âme trouve enfin la tranquillité.

Cher homme qui s'est envolé vers l'infini,
nous gardons l'espoir qu'un jour, nos cœurs guéris,
nous retrouverons ta lumière dans l'éternité.
Et que ton esprit trouve la paix, à jamais libéré. »

Il ne faut jamais sous-estimer le pouvoir des mots. Notre rôle à nous, maîtres de cérémonie, est de savoir retransmettre ces mots avec l'empathie et la justesse nécessaires.

Ne pas en faire trop. Juste être juste.

Et ne pas oublier de prendre le temps d'écouter Tino Rossi. Car même si Robert a probablement les oreilles déchiquetées, je sais que son âme, elle, a besoin d'écouter la romance du chanteur corse pour se sentir libre de monter vers sa nouvelle destinée.

« Lorsque la mort frappe l'homme, la partie mortelle s'éteint, mais
le principe immortel se retire et s'en va en sécurité. » Platon

Transparence.
Un mot auquel nous tenons au crématorium.
Une valeur, un engagement.

Nous attachons une grande importance au devoir de transparence qui nous incombe. Auprès des opérateurs funéraires bien sûr mais surtout auprès des familles.

Mais qu'est-ce que cela signifie ?

Je l'associe au devoir d'information et à la qualité du service rendu.
De fait, nous nous engageons à répondre à toutes les questions des familles concernant le processus de crémation ou nos pratiques de façon plus générale. Nous organisons même deux fois par an des réunions d'information pour présenter le crématorium au grand public.

De même, lorsqu'un incident se produit, quel qu'en soit le degré nous le signalons.

Il est de notre devoir de faire preuve de probité.

Aujourd'hui, avait eu lieu la crémation de M. P. Bien que ce monsieur ne pesait que 43 kilos, le volume de cendres issu de la crémation était si important que l'urne destinée à les recevoir était trop petite.
Nous avons toujours des urnes de prêt qui nous permettent de palier à ces inconvénients. Nous conservons ainsi les défunts en toute sécurité avant d'effectuer le transfert dans l'urne définitive et adéquate.
Aujourd'hui, dès que nous avons constaté que l'urne ne serait pas en mesure de contenir toutes les cendres de M. P., nous avons informé

l'opérateur funéraire qui par la suite a dû se rapprocher de la famille pour leur expliquer notre problématique.

Je ne sais pas comment la chose leur a été présentée, mais la famille a été très marquée.
Je m'entretiens téléphoniquement avec la fille du défunt qui ne comprend pas pourquoi son papa de 43 kilos ne « tient » pas dans une urne somme toute classique, et, à sa voix et aux mots qu'elle prononce, je ressens toute la suspicion qui l'habite quant au fait que son papa est bien son papa et qu'il est bien seul dans l'urne...

Mon devoir ici est d'être totalement transparente sur la situation et expliquer, avec les mots justes les raisons qui ont pu conduire à ce résultat.
A savoir, que le poids de son papa peut être un indicateur pour évaluer le volume de cendres mais que la crémation n'est pas une science exacte. Que cela dépend avant tout de l'ossature du défunt. Que les cendres sont issues de la pulvérisation des calcius, qui eux-mêmes sont les os calcinés.
Que malgré son faible poids, son papa avait probablement une ossature développée.

Et surtout surtout, qu'elle n'ait aucun doute sur une éventuelle erreur ou un hypothétique mélange de défunts. Ce n'est pas possible.
J'entends ses peurs, ses craintes et je la rassure. Je la rassure en lui expliquant tout et en insistant particulièrement sur le fait que, malgré ce problème de taille d'urne, son papa est en sécurité.

Je sens sa voix qui s'apaise. Ses questions qui s'enchaînent, elle cherche ses mots, me dit que ce n'est pas facile puis me pose une question fatidique pour elle :

« Les pompes funèbres m'ont dit que l'urne que l'on avait choisie initialement faisait 3 litres. Est-ce qu'une urne de 4 litres suffira ?
— Oui Madame.

— Vous êtes sûre? Qu'on ne refasse pas deux transferts...
— Oui Madame. »

Je l'informe que je me charge d'échanger aussitôt notre appel terminé avec l'opérateur funéraire pour les orienter vers le choix d'une nouvelle urne, et qu'elle pourra se rendre à l'agence pour choisir, avec sa maman, ce qui sera le nouveau refuge de son papa.

Notre métier exige de grandes capacités sensitives. Savoir percevoir, à travers les mots et entre les lignes la détresse qui hante certains. Réussir à rassurer, à apaiser ces douleurs qui laissent des plaies béantes, des cicatrices à vie...
Notre métier, c'est faire preuve d'empathie, de bienveillance.
Et de transparence.

LUNDI 15 AVRIL 2024

Ce qui apporte également de la richesse dans mon métier, ce sont tous ces échanges, ces rencontres, et ces relations que l'on établit avec les opérateurs funéraires.

Le crématorium, au-delà du sommet de sa Pyramide, est un point culminant, presque stratégique où l'on sait à peu près tout sur tout ce qui se passe au sein des entreprises de pompes funèbres :qui arrive, qui démissionne, qui plaît à qui, qui agace qui, qui a oublié ceci, qui a décidé cela... Autant d'informations me direz-vous dont nous nous fichons cruellement.
Je suis entièrement d'accord avec vous, mais comme partout, dans le lot d'informations inutiles parfois se glissent des sujets qui valent vraiment la peine d'être débattus.

J'apprécie quand ces opérateurs nous racontent leur quotidien, et quand ils s'intéressent au nôtre... Nous exerçons dans le même milieu mais nos métiers sont différents.
J'apprends beaucoup à leurs côtés et j'éprouve énormément de gratitude et de reconnaissance pour l'investissement et le dévouement dont ils font preuve. Parfois même aussi pour les bévues et les défaillances que nous rencontrons, car cela nous rappelle que notre corps de métier est exigeant et que l'hypervigilance est requise à chaque instant.

À travers ces échanges, c'est un partage d'expériences... C'est l'humilité au service de l'humanité. Chacun peut librement remettre en question ses pratiques, ses habitudes, et s'enrichir de ces instants pour évoluer, progresser, s'améliorer...

Souvent ces moments sont brefs, 5-10 minutes avant ou après une cérémonie, ou au moment d'une remise d'urne.

Parfois j'ai aussi le sentiment que le crématorium est un exutoire, un endroit où la parole se libère, où l'on se confie...
Cela ne me dérange pas, c'est le signe d'une certaine confiance. Ce que nous voyons, ce que nous vivons, il faut pouvoir en parler. Et en parler à des personnes qui comprennent, ça fait souvent du bien.

C'est cathartique, et ça permet de repartir sur de bonnes bases. Car nous ne devons jamais oublier pourquoi nous sommes là : pour les autres.

MARDI 16 AVRIL 2024

Nous sommes tous égaux dans la mort.

Nous entendons souvent cette phrase mais je ne suis pas foncièrement d'accord. En effet, des personnes meurent dans d'affreuses souffrances alors que d'autres meurent dans leur sommeil. Certaines reposent dans des cercueils ultra capitonnés quand d'autres doivent se satisfaire de la simple cuvette étanche. Certaines ont des funérailles fastes quand d'autres sont qualifiées de « personnes en situation d'impécuniosité », pour ne pas dire indigentes.

Non par contre, là où l'égalité est davantage marquée selon moi, c'est dans la douleur que ressentent les proches des disparus. Que ces derniers soient les plus gentils du monde ou qu'ils soient criminels.

Le lien qui nous unit à nos proches dépasse l'existence sociale. Il est parfois viscéral. Le lien du sang.

C'est l'image de cette sœur effondrée sur le cercueil de son frère, ce matin qui m'amène à vous partager cette histoire. Leur histoire.

Lui, retrouvé sans vie dans sa cellule à la maison d'arrêt où il purgeait une peine pour trafic de stupéfiants, et en attente de jugement pour un incendie criminel ayant entrainé le décès de cinq personnes il y a à peine deux ans. Acte qu'il n'a pas commis seul je tiens à le préciser.

Sa sœur, en larmes, qui embrasse ce cercueil, qui prend la parole pour exprimer la souffrance qu'elle ressent de ne pas avoir réussi à « aider » son frère… Et la lecture de ce texte qui en dit long sur son vécu…

« Sur un sentier raide et pierreux
J'ai rencontré une petite fille
Qui portait sur son dos son jeune frère
"Mon enfant, lui ai-je dit
Tu portes un lourd fardeau."
Elle me regarde et dit :
" Ce n'est pas un fardeau, monsieur,
C'est mon frère."
Je restais interdit
Le mot de cette enfant courageuse
S'est gravé dans mon cœur.
Et quand la peine des hommes m'accable
Et que tout courage me quitte,
Le mot de l'enfant me rappelle :
Ce n'est pas un fardeau que tu portes, c'est ton frère. »

Compassion. C'est le titre de ce poème. Et c'est exactement le sentiment qui m'habite au cours de cette cérémonie.

Chaque jour je vois, je vis la mort, le chagrin et l'injustice. Et chaque jour je me dis que je ne donnerai ma place pour rien au monde. Mon métier, je l'aime.

Je l'aime car il me bouscule, il me sort de ma zone de confort, il me confronte à une réalité qui parfois me surprend, me dépasse… Il m'apprend à me détacher de toutes certitudes, à faire preuve de lâcher prise et surtout, à m'abstenir de tout jugement…

« Vous êtes formidables. » a dit cette sœur à l'issue de la cérémonie. Son petit frère égaré, je m'en suis occupé avec le même professionnalisme qu'à l'accoutumée. C'est plus que mon devoir. C'est l'essence même de mon métier.

Deux jours auparavant, sa voix au téléphone traduisait parfaitement le désarroi qui l'habitait. Morgan est perdu.
Morgan ne sait pas, ne sait plus. Il aimerait écrire quelque chose mais ne sait pas s'il aura le courage de le lire pendant la cérémonie.
Il aimerait diffuser la musique du mariage de ses grands-parents. Il aimerait des lys sur le cercueil. Finalement, il sait ce qu'il aimerait mais ne sait pas si c'est possible, ni comment ça se passe une cérémonie en fait. Il est dépassé par les événements.

Son papi vient de mourir. Son père, le fils du défunt pépé n'est pas en capacité de gérer quoique ce soit. Il doit s'occuper de tout.

Mon rôle ici, est dans un premier temps de le rassurer. C'est primordial pour la suite.
Lui expliquer comment la cérémonie va se dérouler. L'informer que nous diffuserons les musiques qu'il aura choisies au moment qu'il aura choisi, que s'il ne peut pas lire son texte, je lui prêterai ma voix mais qu'il est important qu'il l'écrive. Que les lys seront posés sur le cercueil, et retirés avant la mise à la flamme suivant sa demande.
Que son papi pourra par la suite reposer auprès de sa mamie partie 10 ans plus tôt... Et que je suis là pour l'accompagner et le guider dans ce moment pénible...

Aujourd'hui c'est le jour de la cérémonie. Je le retrouve, un sourire doux et bienveillant sur mon visage. J'accueille le sien en retour avec beaucoup d'empathie. Il me touche.

Je valide avec lui les derniers détails et nous entrons pour le dernier au revoir à Guy. La cérémonie se déroule tout en douceur, avec justesse... Ni trop, ni pas assez. Juste l'authenticité. Il aura trouvé la force de lire son texte.

A l'issue de l'hommage, nous convenons de nous retrouver deux heures plus tard pour la dispersion des cendres au jardin du souvenir.

Ce que Morgan ne sait pas, c'est que deux heures plus tard, je suis censée avoir terminé mon service, rentrer chez moi, et reprendre ma vie.
Mais à cet instant, il m'est impossible de confier la dispersion à un collègue. Non pas pour des raisons de confiance mais parce que je tiens, sincèrement, à accompagner Morgan et Guy jusqu'au bout.

Son regard rempli de gratitude et ses remerciements au moment où je récupère l'urne de son grand père valent bien plus que les 30 minutes de service supplémentaires effectuées.

Je rentre chez moi avec le sentiment d'avoir accompli ma mission jusqu'au bout. Je suis heureuse de leur avoir offert simplement ma présence.

Car même s'il ne se rattrape pas, je ne le perds jamais lorsque je suis auprès de ces familles. Mon temps.

JEUDI 18 AVRIL 2024

Une ovation pour le départ de Serge.
J'ai des frissons qui me traversent tout le corps. J'ai rarement ressenti cela, à ce point.
Je tiens le cercueil à la tête. Face à moi, une salle pleine et les claquements de mains retentissent jusqu'à l'extérieur du crématorium.

C'est ainsi que j'ai clôturé ma cérémonie, en proposant à tous ceux qui étaient venus lui rendre un dernier hommage de l'applaudir pour son départ. Toutes les mains se sont levées. C'est même sur le hip hip hip de sa fille que la porte s'est refermée.

Ce genre de chose, ça se ressent. Ça ne s'apprend pas. Ça se vit, de l'intérieur.
Mais quand ça arrive, c'est extrêmement fort, en bruit et en émotions.

Serge était festif, le recueillement sur « Informer » de Snow en témoigne. De même que la fourmi Boot Boot géante posée sur son cercueil.
Mais que c'est beau ces cérémonies à l'image du défunt ! Que c'est beau ces enfants, ces amis qui racontent tous ces souvenirs, ces anecdotes...

L'espace d'un instant je suis avec eux, dans leur vie, sans les connaître je les connais, dans leur plus profonde intimité.

Jamais je n'aurai assez de mots pour exprimer ma gratitude envers toutes ces familles qui me font confiance pour ce dernier au revoir.
Et toujours, je fais la promesse de donner le meilleur de moi-même, peu importe ce qui se passe autour, peu importe si nous sommes en retard, peu importe toutes les autres raisons.
Ce moment est unique. Pour eux, et pour moi.

La main sur mon bras elle me dit « Merci. Merci d'avoir senti ce qu'il était, c'était tout à fait lui... »

Elle, c'est Florence, la fille de Serge.
Avec ses mots elle a caressé mon cœur, elle a confirmé les raisons de me lever chaque matin. Elle m'aide sans le savoir à avancer, à continuer.
Alors à mon petit niveau dans leurs parcours, j'espère avoir su les accompagner elle et son papa, vers ce nouveau chemin qui les attend...

Car c'est ça le plus important, savoir accompagner...ceux qui partent et ceux qui restent.

« L'amour, c'est accepter de laisser partir ceux que l'on aime.» Serge

VENDREDI 19 AVRIL 2024

Ils étaient trois. Le neveu de la nièce, le fils de la défunte compagne et sa femme.

Ils le voyaient peu mais l'appréciaient, ils en gardaient un bon souvenir de tonton Marcel.

Nicolas, le neveu de la nièce qui est aussi le petit fils de la sœur devait lire l'hommage de sa tante. Je l'appelle au pupitre quand il s'aperçoit après quelques secondes qui paraissent longues qu'il n'a pas le texte de sa tante.

Je lui propose d'écouter un morceau de tango le temps de ses recherches.
Marcel aimait le tango, et la danse. Il dansait beaucoup avec sa Alice. Ils allaient au thé dansant tous les dimanches, à 88 et 95 ans.

Finalement, même après le tango, Nicolas ne retrouve pas le texte. Il improvise. Il tente de se souvenir de ce qu'avait écrit sa tante. Il retrace les bons souvenirs et la tendre image que tous gardent de Marcel.

Je partage avec eux un joli poème qui parle des plaisirs du tango. Ce moment est doux.

Ce petit comité, cette ambiance feutrée, et cet hommage en toute intimité ont, je l'espère permis à Marcel de partir en toute sérénité.

Officier, c'est orchestrer, mais c'est aussi s'adapter et savoir accorder la même attention et le même soin à toutes nos cérémonies, que nous parlions devant 150 ou 3 personnes. Car avant tout, ce qui compte c'est l'hommage rendu à la personne disparue.

« Le Tango Argentin[4]

Trouver un pas de danse
Avancer dans le même sens
Naître à une cadence
Goûter à la connivence
Ouvrir des voies de bienveillance

Accéder à l'apaisement
Respirer tout naturellement
Gagner la confiance secrètement
Etre libre de ses mouvements
Nourrir de beaux sentiments
Trouver en soi l'enracinement
Imaginer avoir le temps
Naviguer avec l'autre tendrement

Merveilleux moment partagé
Amour, amitié, tout est lié
Rire et danser
Célébrer
Et accepter qu'un jour
La vie puisse s'arrêter… »

---

[4] Source: https://tangotrement.wordpress.com/2018/12/21/joyeuses-fetes-2/poeme-tango-pdf/

LUNDI 22 AVRIL 2024

En vertu de l'article L. 2223-18-1 du CGCT, après la crémation, les calciques osseux sont pulvérisés en cendres et recueillis dans une urne cinéraire munie extérieurement d'une plaque portant l'identité du défunt et le nom du crématorium.

Une urne est un réceptacle fermé servant à contenir l'intégralité des cendres du défunt. Elle porte l'identification du défunt.
L'urne est choisie librement par la famille ou le défunt, selon des critères esthétiques, de prix et de taille. Elle peut être acquise chez un opérateur funéraire ou non.

Le CGCT ne contient pas de dispositions sur les matériaux servant à fabriquer des urnes (à la différence des cercueils).

Le CGCT ne règlemente pas la dimension ni la contenance des urnes. Celles-ci doivent cependant être d'une dimension telle qu'elles puissent, le cas échéant, être déposées dans un cavurne ou un columbarium. Par ailleurs, la contenance d'une urne s'entend habituellement comme étant la « capacité interne » (ou cendrier) et non le volume global (contenance des cendres et urne extérieure). Actuellement, il est préconisé d'utiliser des urnes d'un volume minimum de 3,5 litres.[5]

Extraits du guide de recommandations relatif aux urnes funéraires et aux sites cinéraires de la DGCL – 6 décembre 2018

Au regard de la loi, nous sommes dans les clous.
L'urne choisie par la famille ou par le défunt lui-même doit avoir une contenance d'au moins 3,5L.

---

[5] Source: https://www.collectivites-locales.gouv.fr/sites/default/files/migration/181220_guide_de_recommandations_urnes_funeraires_et_sites_cineraires_pour_publication_cil3.pdf

Je suis à 5L, c'est large.

Je dois toutefois admettre que c'est très original, très transparent. Une première pour moi. En même temps, l'Auvergne n'est pas toute proche.

Et puis si c'est à l'image du défunt, si cette urne lui correspond alors c'est l'essentiel. Je n'ai aucun avis esthétique à donner. Encore une fois, chaque personne est unique et toutes ces marques de personnalisation sont les bienvenues, tant que nous restons dans le cadre réglementaire.

Les cendres de ce monsieur ont vocation à êtes dispersées en pleine nature, les enfants se sont mis d'accord.
Je pense que cette dispersion sera atypique.

En effet, ce n'est pas tous les jours que les défunts reposent dans une bonbonne d'eau de source de montagne d'Auvergne de 5L !

L'habit ne fait le moine.
Loin d'offenser leur défunt, bien au contraire, c'est avec le sentiment d'avoir exaucé ses dernières volontés que cette famille nous a remis cette bonbonurne, le sourire aux lèvres.

Ce qui est beau dans notre métier, c'est voir ces endeuillés avoir le courage de sortir des sentiers battus, sans crainte d'être raillés ou jugés.
Ce qui est beau dans notre métier, c'est savoir accueillir ces moments où l'élan de vie se manifeste et nous surprend !

« Laisse ~~la vie~~ la mort te surprendre. »

MARDI 23 AVRIL 2024

Je suis émue. Je cherche les mots justes en sachant que tout ce qui sortira de ma bouche n'apaisera en rien leur douleur.
Ils sont dignes. Tellement dignes...

Je ne peux imaginer ce qu'ils vivent en ce moment. Mais je ressens une profonde compassion. Je me dois de rendre ce moment de recueillement le plus doux possible malgré toute la douleur qu'il leur renvoie.

Ils sont assis, devant le cercueil de leur fils.
Leur fils de 41 ans.
À côté d'eux, leur petit fils de 15 ans. Il pleure son papa sur la chanson « Someone like you » d'Adele.

Je suis chargée d'organiser ce temps de recueillement au crématorium, après une cérémonie civile qui s'est déroulée le matin.
Sont présents uniquement les membres de la famille proche.
Il n'y a aucune prise de parole, les volontés de ses parents étant de pouvoir se recueillir musicalement auprès de leur fils avant le grand départ.
Ces moments sont toujours délicats. Ils ont besoin de communier avec leur défunt, dans la plus grande intimité... Ils n'ont pas envie de nous entendre. Mais pourtant, il nous faut prononcer quelques mots...
Ne serait-ce que pour les accueillir, les guider, annoncer cet instant de recueillement mais aussi le moment du départ...

C'est très difficile de trouver des mots pour accompagner des parents dans de telles circonstances. Alors je parle peu, mais je leur témoigne et leur offre une pleine présence. Je les regarde, je communique avec eux autrement...

Lorsque le papa se présente deux heures plus tard pour récupérer l'urne, je ressens son besoin de discuter. Je suis là, disponible, je l'écoute.

« Un parent ne devrait jamais enterrer son enfant. » Ce sont les mots qu'il prononce.

Je le regarde et j'acquiesce. Il a tellement raison...

Que répondre à cela ?

Notre métier, c'est aussi savoir se taire, car ce monsieur, j'en suis sûre, n'attendait aucune réponse de ma part. Il me partageait juste une idéologie qui nous le savons que trop bien lui et moi relève surtout de la fiction. Dans la réalité, dans notre réalité, il n'y a pas de justice.

Et c'est hélas trop souvent que des parents enterrent leurs enfants.

MERCREDI 24 AVRIL 2024

« Voici des roses blanches, toi qui les aimais tant... »

2 ans aujourd'hui.
Cela fait 2 années que ma mémé s'en est allée. Mais bien plus qu'elle nous avait oubliés...
J'ai une douce pensée pour elle, pour nos souvenirs.

Arrive l'heure pour moi de partir en cérémonie. Lorsque j'ouvre le dossier de la clé USB pour préparer les musiques, un sourire se dessine sur mon visage. " Les roses blanches ".
La chanson préférée de ma grand-mère, qu'elle fredonnait tout le temps, qu'elle chantait à tous les repas de famille aussi triste soit l'histoire de ce petit garçon qui perd sa mère...

« ♫ C'était un gamin, un gosse de Paris,
Pour famille il n'avait qu'sa mère
Une pauvre fille aux grands yeux rougis,
Par les chagrins et la misère
Elle aimait les fleurs, les roses surtout,
Et le cher bambin tous les dimanches
Lui apportait de belles roses blanches,
Au lieu d'acheter des joujoux
La câlinant bien tendrement,
Il disait en les lui donnant :

"C'est aujourd'hui dimanche, tiens ma jolie maman.
Voici des roses blanches, toi qui les aimes tant.
Va quand je serai grand, j'achèterai au marchand
Toutes ses roses blanches, pour toi jolie maman."

Au printemps dernier, le destin brutal,
Vint frapper la blonde ouvrière

Elle tomba malade et pour l'hôpital,
Le gamin vit partir sa mère.
Un matin d'avril parmi les promeneurs
N'ayant plus un sous dans sa poche
Sur un marché tout tremblant le pauvre mioche,
Furtivement vola des fleurs
La marchande l'ayant surpris,
En baissant la tête, il lui dit :

"C'est aujourd'hui dimanche et j'allais voir maman.
J'ai pris ces roses blanches elle les aime tant
Sur son petit lit blanc, là-bas elle m'attend
J'ai pris ces roses blanches, pour ma jolie maman."

La marchande émue, doucement lui dit,
"Emporte-les je te les donne"
Elle l'embrassa et l'enfant partit,
Tout rayonnant qu'on le pardonne.
Puis à l'hôpital il vint en courant,
Pour offrir les fleurs à sa mère.
Mais en le voyant, une infirmière,
Tout bas lui dit "Tu n'as plus de maman"
Et le gamin s'agenouillant dit,
Devant le petit lit blanc :

"C'est aujourd'hui dimanche, tiens ma jolie maman.
Voici des roses blanches, toi qui les aimais tant.
Et quand tu t'en iras, au grand jardin là-bas
Toutes ces roses blanches, tu les emporteras. ♫ »

J'y vois là un signe de sa présence. Un clin d'œil. Elle est près de moi, et aujourd'hui j'ai une certitude que j'aimerai vous partager : nos absents nous accompagnent...

C'est pourquoi j'ai toujours un peu de peine lorsque nous devons sceller le devenir des défunts qui étaient en attente au crématorium...qui finissent seuls, avec nous... Car même si nous en prenons soin, j'imagine qu'ils auraient apprécié une autre compagnie.

La loi est claire, passée une année, si personne ne s'est manifesté malgré des relances envoyées, nous sommes autorisés à procéder à la dispersion des cendres au jardin du souvenir.

Aujourd'hui, une de ces dispersions est prévue, en présence toutefois du fils de la défunte. Cela fait un an et quatre mois que la crémation a eu lieu. Le temps a fait son œuvre, l'émotion est différente...
Je suis étonnée, car cette dame reposait dans une urne en granit. Au moment de son décès, il était probablement envisagé qu'elle rejoigne une sépulture dans un cimetière.
Il nous a donc fallu transférer ses cendres dans une urne adaptée pour la dispersion.

C'est accompagnée de son fils que cette dame a rejoint le cœur du puits d'« Automne » pour son repos éternel. J'ai moi-même effectué la dispersion. J'aurai aimé savoir ce que ce fils pensait à ce moment-là, pourquoi une dispersion alors qu'il était prévu initialement un autre devenir pour sa mère ?
Bien évidemment je n'aurai jamais les réponses mais j'ai pu constater à plusieurs reprises que certains proches de défunts sont très détachés de l'urne et de son contenu... Comme si ce n'était plus vraiment leur proche.
Comme cette fois où lorsque j'informais la famille de l'heure retenue pour la dispersion quelqu'un m'a répondu « On ne va pas revenir juste pour les cendres. »

Quelques soient les représentations de chacun à ce sujet, je m'abstiens de tout jugement, bien que ce genre de réplique puisse heurter.

La loi indique que les cendres doivent être traitées avec la même responsabilité et dignité que celles dues au cercueil contenant le corps du défunt.

Au crématorium, les cendres sont sacrées et elles sont considérées avec le plus grand des respects. Car outre le fait de respecter la loi, c'est notre humanité qui se révèle. Nous savons mieux que quiconque ce que les cendres représentent. Nous suivons tout le processus de transformation du corps au cours de la crémation. Et nous savons, que tout ce qui restera des disparus, au-delà des souvenirs qu'ils laisseront ce sont leurs cendres... La passerelle entre les deux mondes.

Je vous parlais avant hier de l'injustice de la vie. Des parents qui vivent le deuil de leur enfant.
Aujourd'hui encore, une mère pleure son fils.

Ils sont quatre autour de lui. Sa mère, son fils, son ex-femme et le père de cette dernière.
Les femmes pleurent. Les hommes se tiennent à distance. Surtout le fils.

Sa grand-mère l'invite à la rejoindre auprès du cercueil. Il a les mains dans le dos, il fait non de la tête. Il se tient près des pieds. Il regarde ce cercueil. Le cercueil de son père. Sans connaître leur histoire, je devine une relation douloureuse. Il a les lèvres qui tressautent mais aucune larme ne coulera sur ses joues. Pas même lorsqu'il verra l'introduction du cercueil dans l'appareil de crémation.

L'ex-femme du défunt, la maman de ce jeune homme, elle, pleure. J'imagine les souvenirs d'un bonheur partagé qui lui reviennent à l'esprit...
Son père semble plus être là pour la soutenir, il reste à l'écart, très discret.

Et cette mère endeuillée, qui malgré ses larmes laisse paraître une grande force de caractère. Une femme qui a vécu, qui a souffert, ça se voit, ça se sent. Une femme qui connaît la résilience et qui tel un Phoenix renaît de ses cendres. Une Femme avec un grand F.

« Il est libéré de ses démons maintenant. »
C'est ce qu'elle me dira lorsqu'elle viendra récupérer l'urne de son fils.
« Je suis forte. » ajoute-t-elle.

Je n'ai pas d'enfant, je ne peux comprendre ce qu'elle vit à cet instant mais je peux imaginer le vide sidéral et la douleur dans ses tripes.
Cette femme est d'une sagesse... ce qu'elle exprime, c'est la paix qu'elle éprouve à présent pour son fils. Ce n'est pas la colère qu'elle pourrait ressentir contre la vie de lui avoir ôter son enfant.

C'est incroyable les leçons que nous nous prenons en pleine figure.
C'est fabuleux de voir à quel point notre métier fait relativiser.
Vous comprendrez bien, qu'à ce moment-là, les lumières qui restent sans cesse allumées dans les toilettes, ce n'est pas ma priorité...

<h1 style="text-align:center">VENDREDI 26 AVRIL 2024</h1>

Vacances.

C'est mon dernier jour de travail avant 2 semaines de repos.
Le planning est léger, les gens meurent moins d'avril à septembre[6].
C'est prouvé.

J'en profite alors pour enfiler la tenue d'extérieur.
Au programme, tonte, chatouillage (= nettoyage et désherbage des espaces de dispersion), fleurs fanées, et récurage de pavés.
La vie au grand air. Une sorte de transition douce avant de m'éloigner du crématorium.

Je dois admettre que ces vacances sont les bienvenues. Les dernières étaient en octobre. Et mine de rien, malgré l'amour que je porte à mon métier, je dois recharger mes batteries.

Question d'équilibre. Pour pouvoir donner aux autres, il faut se donner à soi-même.
Il ne faut pas sous-estimer l'impact émotionnel et physique de notre quotidien, et prendre de la distance est nécessaire. Car il faut se préserver.

Alors ce n'est pas sans joie que je ferme mon casier, que je salue mes collègues, et que je quitte la Pyramide sans même me retourner.

Vacances j'oublie tout !
Mon programme ne sera pas le même que celui présenté dans le tube d'Elégance mais j'ai de quoi rivaliser : Florence, Pise, Sienne, Les Cinque Terre, pastas, pizzas, Spritz ! Une parenthèse italienne d'où il faudra certainement me supplier pour que je revienne !

---

[6] Source: https://federation-fnf.fr/panorama-funeraire-france/

« L'Italie est comme un artichaut, ça se mange feuille à feuille. »

LUNDI 13 MAI 2024

Je suis revenue. Le soleil italien a fait des miracles. Ce n'était pas de tout repos mais cela m'a réellement permis de déconnecter mon cerveau du crématorium.

Si bien lorsque j'arrive ce matin j'ai l'impression de ne pas avoir mis les pieds ici depuis des mois ! Nous sommes en maintenance : des techniciens vérifient l'état de nos appareils et procèdent au nettoyage de ces derniers (sondes, sole, etc…). Le planning est allégé puisque nous n'utilisons qu'un seul appareil, ce qui me permet de reprendre mes marques sereinement. Consulter les mails, faire le point des réservations, retrouver les collègues, leur raconter ces merveilleuses vacances et surtout me replonger dans cette ambiance...
Retrouver ce calme intérieur, cette sérénité à toute épreuve... Se reconnecter à ces familles endeuillées et à leurs défunts...

Tout revient vite... Rien n'est perdu. C'est comme si c'était en moi...

J'en profite également pour m'occuper des extérieurs : tonte, fleurs fanées... Je suis bien. Ça me fait du bien de les retrouver tous...

La journée passe presque trop vite...

MARDI 14 MAI 2024

L'accueil des publics en situation de deuil.
C'est le thème de la formation que je vais suivre pendant deux jours.
Au programme : l'approche psychosociologique du deuil, les différences culturelles, les rites funéraires et le protocole des obsèques, l'écoute, l'accompagnement et l'information aux familles, la sensibilité des personnes et les modes de communication.

Nous avons la chance de pouvoir suivre régulièrement des formations. Les thèmes sont librement choisis, et les places attribuées selon différents paramètres.
Je me réjouis de ces deux jours car le sujet me parle. L'accueil d'un public en situation de deuil c'est mon quotidien.

J'apprécie les formations car c'est l'occasion d'apprendre (et j'adore ça) mais également de partager ses expériences et sa pratique. On apprend beaucoup des autres.

Nous sommes treize stagiaires. La formatrice est sociologue et fille d'un dirigeant d'entreprise de pompes funèbres.
La mort elle la connaît, sous ses différents aspects.

Nous passerons les trois quarts de la journée à faire le tour de table. Présentation, poste occupé, employeur, taille de la commune, situations où nous sommes amenés à être au contact du public en deuil, difficultés rencontrées, et attentes de cette formation.

Les profils sont divers et variés et c'est intéressant d'observer le rapport que chacun porte à la mort en fonction de son vécu et de son poste.
Certains vendent des concessions mais ont la phobie de la mort, d'autres accompagnent les vivants, les aidants, certains sont officiers d'état civil et ne côtoient que la mort administrative, certains gèrent

l'aspect social des EHPAD ou d'autres encore sont élus et amenés à devoir annoncer des décès à n'importe quelle heure du jour où de la nuit...

Tous autant que nous sommes avons la mort dans notre quotidien, sous différentes formes certes mais bien présente.

Savoir aborder des familles en deuil, nous nous apercevons que ce n'est pas inné. Qu'il y a parfois des paroles malheureuses qui peuvent nous échapper, mais qu'il y a aussi une posture à adopter pour ne pas sombrer.

C'est au travers de ce partage d'expériences personnelles et professionnelles que l'on va essayer d'entrer dans le cœur du sujet. Car la théorie c'est bien, mais la pratique c'est mieux.

Notre formation prend l'allure d'une séance collective de psychologie, de sociologie, de déontologie... Certaines langues se délient, laissant la place à des confidences très intimes...

Comme si cette journée était attendue pour libérer quelque chose de retenu...

Quelque chose qui s'articule autour de la mort et qui me fait prendre conscience à quel point parler de la mort c'est encore un sujet brûlant dans notre société...

Et pourtant... Seuls ceux qui ont conscience de leur finitude pourront apprécier pleinement leur vie...

MERCREDI 15 MAI 2024

Deuxième et dernière journée de formation.

On me posera beaucoup de questions sur mon travail. Je constate que la majorité de mes collègues stagiaires ne connaissent pas, ont des idées reçues et parfois des à priori. Je parle de mon métier et de mon quotidien avec conviction. J'en rassure certains, en informe d'autres... Ils ont besoin de savoir.

Je me confronte (gentiment) à la formatrice avec laquelle j'ai une divergence de point de vue, j'affirme mon éthique, ma déontologie. Je défends mon métier, comme une lionne.
Je refuse que l'image des professionnels du funéraire soit généralisée et calquée sur les dérives qui peuvent parfois être pratiquées.

Je suis la première à dire que la profession devrait être plus règlementée, plus exigeante. Quand on pense qu'en 2024 certains arrivent encore à exercer sans être habilités... Ça m'hérisse les poils. Mais je n'oublie pas que certains ont choisi ce métier et le pratiquent avec passion, force, disponibilité et vocation. Je fais partie de ceux-là, comme mes collègues du crématorium. C'est ce qui fait notre force, ce partage de valeurs communes, cette vision de notre profession, de notre travail quotidien et de nos objectifs.

Finalement ces deux jours auront été davantage un groupe de parole qu'une session de formation. Nous recevrons le support théorique plus tard par mail.
Ce n'est pas très grave.
Parler de la mort deux jours durant, peut être que cela va aider certains dans leur approche future, en tout cas je l'espère.

Car parler de la mort, c'est déjà l'apprivoiser.

JEUDI 16 MAI 2024

Elle a parlé tout au long de la cérémonie.
Je ne savais pas si je devais m'interrompre pour la laisser parler ou bien continuer.
Quand j'ai compris qu'elle ne se tairait pas, j'ai poursuivi.

Elle observait les photos et les commentait avec attention. Je crois aussi que parfois elle priait.

J'essaie de ne pas en dire trop afin de laisser la place à l'émotion qui est présente.

Lorsque je franchis la porte pour accompagner le cercueil j'entends « Au revoir mon amour, bon séjour au paradis. »

J'ai souvent le cœur serré à ce moment-là.
La plupart du temps, je suis dos à l'assemblée, au pied du cercueil.
J'entends les derniers mots qui sont prononcés. Ces mots qui sont arrachés aux cœurs des gens. Ces mots, ces derniers mots d'amour...
C'est touchant et très triste.

En revenant dans la salle de cérémonie proposer la visualisation, elle me regarde, hésite puis me dit non... Elle préfère rester sur les souvenirs que font remonter les photos qui défilent à l'écran.
Elle m'explique chaque photo, où c'était, quand et pour quelle occasion. Parfois elle s'arrête.
« Je l'aimais mon mari, je l'aimais tellement...c'est très dur... »

Elle me partage le fait qu'elle adorait lui faire des câlins et des bisous, et ça se voit. Sur chaque photo où ils sont tous les deux, elle l'enlace.

Le vrai amour.

Elle, c'est Maria. Elle vient de perdre Jackie, l'amour de sa vie. En 45 minutes, elle a partagé avec moi des décennies d'amour.
Cet amour qui résiste à toutes les tempêtes, qui est plus fort que tous les mots qui peuvent réconforter. Cet amour qui résistera même à la mort j'en suis sûre...

Aujourd'hui c'est vendredi. Et pas n'importe quel vendredi. C'est le jour où je vais devenir propriétaire d'un terrain.
Je projette d'y implanter plus tard une petite maison.

Ce terrain a une belle et grande histoire...
C'était le jardin de mon grand-père. Situé en face sa maison, il y passait de nombreuses heures. Quand on le cherchait, il était souvent là au milieu de ses patates et de ses mogettes.

J'ai toujours aimé ce terrain. D'abord parce qu'il est beau, arboré, et clôturé avec un joli mur en pierres.
Ensuite parce que j'y ai de nombreux souvenirs d'enfance. Puis parce que, quand je m'y trouve, je m'y sens bien. Il dégage une sérénité et un calme très appréciables.
Et enfin, je l'aime peut-être parce qu'ils sont là. Il faudra que je m'occupe de restaurer leur clôture d'ailleurs. Elle est si belle avec la vigne qui a poussé autour...

Eux ce sont les propriétaires qui ont précédé mes grands-parents. Ils sont deux à ma connaissance. Peut-être plus. Toutes les inscriptions sont effacées, et les stèles sont cassées. Un arbre a poussé. Pile ici.
Comme quoi la vie peut trouver racine dans des endroits insoupçonnés…

Ce petit cimetière privé est plein de charme, d'histoire et j'ai aujourd'hui la responsabilité de veiller au repos éternel de ces défunts.
Je m'en fais un devoir.

Je souris au notaire quand il me tient le discours (obligatoire) de la servitude perpétuelle, des règles (et des coûts) d'exhumation si je

souhaite ne plus cohabiter et nous rions ensemble quand il me dit
« Ce n'est pas à vous que je vais l'apprendre... »
Je conclus en lui disant que je sais parfaitement ce que la présence
de ce cimetière implique et que j'ai la ferme intention de les laisser
reposer en paix.
Le respect des défunts c'est sacré chez moi.
Je n'ai aucun doute sur le fait que leur présence ne m'incommodera
pas, au contraire, peut-être même que ça me rassurera.

Vivre au milieu des disparus, c'est ma vie. Et je l'ai choisie.
Je crois que c'est ma destinée, quelque chose que je n'explique pas
mais qui est là. Quelque chose de plus fort que moi.

« Vous voilà officiellement propriétaire. »
Il est 18h, j'ai apposé la dernière signature. 116 pages à l'acte. De
quoi m'occuper le soir si je ne trouve pas le sommeil. Mon nom est
partout. Acquéreur : Angèle Pailler

Je suis contente de contribuer à mon niveau à la notion de
transmission intergénérationnelle. Mes colocataires eux, n'ont plus
eu cette chance. Je n'ai jamais vu personne les visiter.

J'espère seulement qu'avec moi, ils se sentiront en bonne
compagnie.

MARDI 21 MAI 2024

« Papaaaa...Noooonnn... »

Son cri de douleur au moment où elle voit le cercueil entrer dans l'appareil me donne des frissons.
Je suis touchée, profondément touchée par cette jeune femme.

Perdre ses parents doit être horrible.
J'ai beau travailler au quotidien avec la mort, voir des dizaines et des centaines d'orphelins, je ne m'y fais pas.
Il y a des choses auxquelles on ne s'habitue jamais.
Cette femme me le rappelle.

Je n'ose imaginer ce qu'elle peut ressentir.
J'ai la chance et la joie de partager encore les étapes de ma vie avec mes parents. Même s'ils ont choisi de divorcer il y a plus de 20 ans, je peux partager à peu près tout avec eux. Chaque jour, je me rends compte que c'est un cadeau du ciel... Et je ne voudrais pas que ça s'arrête...

Un parent, c'est un pilier, c'est comme une jambe. Si on en perd une, on devient bancal.
Si on perd les deux on ne peut plus avancer, du moins il faut apprendre à avancer différemment...

J'observe cette jeune femme avec beaucoup d'émotion et d'empathie.
Je constate qu'elle est très entourée par son compagnon, ce qui l'aidera certainement à traverser ce long chemin du deuil...

D'ailleurs il serait intéressant que je vous parle du deuil, des différentes étapes, concepts et théories qui l'entourent...
Peut-on réellement faire un deuil ? Et qu'est-ce que cela signifie ?

Ce qui est sûr, c'est que cette épreuve est très intime et personnelle...
Il y a beaucoup de choses à dire. C'est pourquoi la psychosociologie
du deuil est une discipline à part entière qui est enseignée dans les
formations aux métiers du funéraire.

La jeune femme quitte la salle de visualisation accrochée à son mari.
Les cendres de son papa seront dispersées en pleine mer, aux beaux
jours.
Un retour à ses origines, lui qui est né au bord de l'océan il y a 70
ans...

*« Dans une prochaine vie papa, j'aimerais te reprendre comme
père. »* Bernard Werber

Le temps est épouvantable. Des jours, des semaines voire des mois qu'il pleut. Ou alors nous avons deux jours de soleil par ci par là…
De quoi déprimer. Et en plus quand on travaille avec la mort et le chagrin des endeuillés on pourrait croire qu'avoir le moral relève d'une mission quasi impossible.

On m'a toujours dit de me méfier des apparences, que l'habit ne fait pas le moine…
Preuve en est. Malgré toutes les circonstances, aujourd'hui j'ai la joie en moi. Je sais que la journée sera productive et constructive. Je retrouve mes collègues le sourire aux lèvres, avec motivation et détermination. Le soleil est dans mon cœur et dans le leur aussi. Fuck la météo.

Aujourd'hui nous avons mis de l'ordre dans la partie administrative, passé quelques commandes, étudié le sujet du devenir des enfants nés sans vie suite à un reportage sur RMC (je développerai certainement le sujet dans l'été), arrêté la date pour la réunion d'information au public (sorte de portes ouvertes), appelé les familles pour l'organisation des cérémonies de fin de semaine, nettoyé les espaces de dispersion (entre deux orages), et assuré les cérémonies et les crémations du jour. Tout ça, en équipe, dans un esprit collaboratif avec comme moteur le sens du service.

J'aime ces journées où rien ne nous arrête, où tout nous semble possible et où nous sentons et ressentons toute cette énergie. Je m'aperçois de l'influence que nous avons les uns sur les autres…
C'est pourquoi nous avons besoin d'une équipe solide et fiable…
Car plus que des collègues, nous sommes des camarades. C'est ensemble que nous pouvons et que nous devons assurer un service de qualité.

Je suis heureuse de cette journée… Je suis contente d'avoir de si bons collègues avec qui je peux tout partager professionnellement : les choses sérieuses mais aussi les plus légères.
Et même mes biscuits au chocolat.
Merci la team !

JEUDI 23 MAI 2024

Il est 9h30 lorsque je décroche.

Au bout du téléphone, une dame me paraît désemparée. Elle s'y reprend à plusieurs fois pour m'exposer sa demande.

Elle est l'épouse d'un monsieur dont la crémation est prévue lundi. Elle nous appelle pour savoir si nous avons un écran géant. Je lui détaille autant que possible la configuration de notre salle de cérémonie et des appareils multimédias à notre disposition.

Dans la discussion je comprends très vite qu'il y a un quiproquo. L'opérateur funéraire mandaté pour l'organisation des obsèques n'a pas l'habitude de travailler avec notre crématorium, donc avec notre logiciel de réservation. Sur ce dernier sont réservés les créneaux de crémation et non de cérémonie...

L'épouse m'informe qu'elle a convoqué tout le monde à 15h30 au crématorium et qu'un avis est paru dans la presse.

Je reste détendue. J'explique posément à cette dame qu'il va falloir tout modifier. La cérémonie à 15h et la crémation à 15h30. Elle me dit que ça n'ira jamais, que 30 minutes ne suffiront pas pour rendre hommage à son époux.

Je sens sa détresse. Elle veut une belle cérémonie pour son mari qui était « quelqu'un, vous comprenez »...

Nous convenons alors ensemble d'un créneau de cérémonie d'une heure. Je l'invite à se rapprocher de l'opérateur funéraire pour faire le rectificatif dans la presse et je l'informe que je la rappellerai le lendemain pour l'organisation du recueillement.

Je lui précise également que je vais prendre attache avec l'opérateur funéraire pour revoir avec lui les détails pratiques liés au convoi.

C'est là que ça devient presque drôle, car lorsque j'ai au téléphone la conseillère en charge de l'organisation des obsèques je m'en prends plein la figure.

« C'est compliqué chez vous. Il n'y a que chez vous que c'est comme ça. C'est n'importe quoi. »

Je reste calme face à sa virulence. Je lui rappelle que toutes les informations sont disponibles dans le logiciel et que si elle avait le moindre doute, elle pouvait nous appeler pour être guidée. Elle s'agace toute seule, râle car elle va devoir tout décaler : sa fermeture de cercueil, ses scellés, son départ...

Son énervement ne m'atteint pas. Pour la simple et bonne raison que je pense à ce moment-là, à cette épouse en détresse qui veut rendre hommage dignement à son époux. Je me dois de lui offrir cette possibilité. Peu m'importe si ça contrarie et frustre un opérateur funéraire.
Car s'il y a bien une chose qu'il faut retenir quand on travaille dans le funéraire, c'est que les imprévus et les ajustements, c'est notre quotidien.
Ces moments sont uniques pour les défunts et les familles que nous accompagnons, alors à nous de les adoucir autant que possible en répondant le plus justement à ce qui s'appelle les dernières volontés...

« On ne meurt qu'une fois et c'est pour si longtemps... » Molière

VENDREDI 24 MAI 2024

Nous savons que le convoi arrive avant même de l'apercevoir.
Le bruit des moteurs me donne des frissons.
Une trentaine de motos, grosses cylindrées font leur entrée sur le parking du crématorium. Derrière le corbillard. Il était pistard.
Je regarde mon collègue, nous nous sommes compris. Ce sera une entrée du cercueil par devant[7]. Je file déverrouiller la porte et installer le catafalque.

Je propose aux motards de faire une haie d'honneur avec les bécanes, et je demande à l'opérateur funéraire de trouver quatre porteurs pour conduire le cercueil en salle de cérémonie. Nous déchargeons et installons les fleurs - il y en a énormément - puis je vérifie une dernière fois la playlist.

Je suis prête.

Je lance la musique d'entrée : Grégoire, chanson pour un enterrement.

L'assemblée s'installe, la salle se remplit vite. Tout le monde ne tiendra pas assis. Certains sont debout au fond et d'autres près de la porte. Environ 160 personnes à vue d'œil.

J'observe les premiers rangs. D'un côté de l'allée sa mère, son épouse, leurs deux enfants et de l'autre côté son père et son frère.

Les premières à prendre la parole sont sa femme et sa fille Cameron, 10 ans.

---

[7] Habituellement, lorsque l'assemblée entre en salle de cérémonie, le cercueil est déjà installé dans la salle, ce dernier étant accueilli à l'arrière du crématorium dans la partie non accessible au public. Mais parfois, l'entrée du cercueil peut se faire par l'avant du crématorium, notamment en cas de cortège ou de haie d'honneur.

Un texte plein de tristesse et d'amour pour son papa. Son épouse partage avec l'assemblée l'amour qu'elle éprouvait pour son mari. Puis sa maman vient au pupitre. Sans discours préparé car comme elle le dit si justement « que peut dire une mère dans ces moments-là... ? » Elle nous parle de la pluie des derniers jours et du soleil d'aujourd'hui... Jour du grand départ de son fils...elle y voit un signe. Son papa a écrit un joli texte qu'il fait lire à un membre de la famille. Il y retrace le caractère et les valeurs de son fils, pourtant plein de vie...
Puis les amis et voisins s'expriment à leur tour, insistant sur le fait qu'ils n'étaient pas préparés à cela...

S'en suit un instant de silence, ou malgré les 160 personnes présentes, rien d'autre ne se dégage que le silence... Pas un bruit. Une chappe de plomb.

Au moment du dernier geste, je suis touchée, émue... J'observe...
La majeure partie des personnes se dirigent vers l'épouse et la mère pour présenter les condoléances. Le frère et le père sont assis, rouges, ils contiennent leurs larmes puis les lâchent... Ils semblent anéantis. Le deuil est bel et bien un chemin personnel, où personne n'agit et ne réagit de la même façon... Perdre un époux, un fils c'est horrible. Mais perdre un frère c'est affreux aussi...

Je vais voir le père pour savoir s'il souhaite que les motos démarrent pour le départ du cercueil.
« Oh oui j'aimerai bien ! ».
J'informe les motards qui se mettent en place.
Nous n'entendons plus la musique, les ruptures et vrombissements prennent le dessus.
Dans l'atrocité de la situation, c'est beau, terriblement beau.

Il quitte la salle de cérémonie sous une horde d'honneurs, mais laissant derrière lui toutes ces personnes avec une question qui n'aura peut-être jamais de réponse : pourquoi ?

Pourquoi Steve, 34 ans, marié, 2 enfants, aimé et adulé a-t-il choisi d'arrêter de vivre ?

Il y a des morts que l'on n'expliquera jamais.
Des morts qui ressemblent à du gâchis.
Et des vies qui, par conséquent, seront gâchées.

LUNDI 27 MAI 2024

Les jours sans.
C'est comme ça que l'on dit.
Même nous, nous n'y échappons pas. Aujourd'hui c'est pour moi.

Je ne sais pas pourquoi mais aujourd'hui est un jour où tout me semble difficile, compliqué, et où je n'ai qu'une image en tête, moi sur mon canapé...

Est-ce la météo tristounette - il faut dire que l'on manque sacrément de soleil et de vitamine D - la perspective de cet après-midi chargé avec deux collègues en moins ou simplement la vie et ses bas qui me cause cet état de malaisance ? En tout cas, j'espère que ça ne durera pas...

Je m'aperçois que malgré l'amour que j'ai pour mon métier, il y a des jours plus durs que d'autres et pas seulement au niveau émotionnel...

Il me faudra attendre 14h30 pour retrouver l'Angèle qui s'était semble-t-il échappée un instant.
C'est Jacky qui me fera revenir à moi. Enfin surtout Charly son fils et Isabelle sa femme.
Quand ils sont arrivés et qu'ils m'ont annoncé leurs souhaits pour la cérémonie, je me suis ressaisie. Je n'ai pas le droit à l'erreur et je me fais un point d'honneur à donner le meilleur de moi dans ces moments-là. C'est un devoir. Ce moment est unique pour eux. Et c'est le dernier.
La cérémonie durera une heure. C'est ce qui avait été convenu. 4 vidéos, 6 prises de parole, il faut au moins ça. Tout s'est très bien passé. Une belle cérémonie, à l'image de Jacky et de l'artiste qu'il était : guitariste et poète.

Charly me présente ses remerciements et selon lui, la cérémonie était tout à fait comme l'aurait voulu son papa. Au fond de moi je suis soulagée. Je relâche... Les cérémonies demandent beaucoup d'énergie... C'est une vigilance de tous les instants.
Même si nous n'attendons pas de remerciements, cela rassure de savoir que le moment de recueillement a été à la hauteur des attentes...

Finalement ma journée se termine mieux qu'elle n'a commencé. C'est ça aussi qui est chouette dans la vie, et dans la mort, c'est cette impermanence... rien n'est figé...
C'est parfois retrouver le sourire en s'approchant de la tristesse des gens…car même dans ces instants pénibles, ils ne s'imaginent pas tout ce qu'ils peuvent m'apporter…

« La seule chose qui ne changera jamais c'est que tout change toujours tout le temps. » Yi Jing

MARDI 28 MAI 2024

Rose avait tout préparé pour ses obsèques. La découverte de la liste de ses choix musicaux nous donne le sourire.
Il faut dire qu'à 87 ans, une playlist comme ça, c'est atypique.
Elle devait être un sacré personnage !

Rose est de ces défunts qui offrent des cérémonies à la fois légères et poignantes.
Ces cérémonies où l'on rit et où l'on pleure.

Où l'on rit lorsque nous entendons « Les sardines » de Patrick Sébastien et où l'on pleure à la lecture d'un message qu'elle avait écrit avant de mourir... Un message qui se termine par « Profitez de la vie... »

J'ai toujours trouvé bouleversantes les lectures de textes écrits par les défunts.
Savoir qu'ils sont maintenant là, à côté de nous et se dire que quelques temps auparavant ils ont couché ces mots sur le papier...
Ces mots qui ont dû sortir des tripes...
Car imaginons comme cela doit être difficile d'écrire un message qui ne sera lu que lorsque vous aurez trépassé...

Cela me rappelle l'histoire de cette jeune femme de 36 ans décédée d'un cancer du sein. Elle avait écrit toute sa cérémonie... C'était éprouvant mais tellement beau !

Ces cérémonies laissent un souvenir indélébile dans la mémoire de ceux qui y assistent tant elles sont authentiques et à l'image du défunt... Rose aura su créer cela.
Elle aura réussi jusqu'au bout. D'autant que pour son départ, c'est Berthe Sylva avec « Les roses blanches » qui l'accompagne.

Il est encore délicat pour certains d'aborder la préparation de leurs obsèques, mais pourtant, l'expérience nous montre que des obsèques anticipées sont mieux appréhendées et mieux vécues par ceux qui restent... La charge mentale est moins importante et les proches sont apaisés de savoir qu'ils ont agi en adéquation avec les volontés du disparu.

Il n'est donc jamais trop tôt pour parler de sa mort, ça ne la fera pas venir plus vite.

« Ce n'est pas que j'ai peur de mourir. Je veux juste ne pas être là quand ça arrivera. » Auteur anonyme

« Baume au cœur »

C'est ainsi que nous avons choisi de nommer ce classeur. Notre recueil de gratitude.
Le genre de lecture qui peut faire du bien dans un moment de doute, de spleen...

L'idée m'est venue suite à la réception d'une carte postale.
Trois sœurs nous remerciaient chaleureusement pour notre accompagnement lors du décès de leur maman.

L'objectif de « Baume au cœur » est donc d'être le siège des retours que nous avons des familles.
Ces mots que nous n'attendons pas mais qui arrivent comme des cadeaux...
Ces mots qui nous rappellent pourquoi nous sommes là, pourquoi nous faisons ça...

Je collecte mails, cartes, et avis Google pour étrenner ce classeur et partager avec tous mes collègues ces beaux messages.

En relire certains nous replonge dans les cérémonies passées, nous rappelle des situations parfois ubuesques et surtout cela nous donne le sourire.

Le pouvoir des mots...
Nous sommes bien placés pour savoir ce qu'il en est.

« Baume au cœur » est déjà pas mal rempli, je suis remontée un an et demi en arrière. Cela fait plaisir. Savoir que des familles endeuillées - et surchargées de formalités en plus du poids émotionnel du deuil - prennent le temps de nous écrire c'est touchant.

C'est sans oublier toutes celles qui n'écrivent pas mais qui nous témoignent leurs remerciements verbalement, sur place ou par téléphone... Parfois des semaines après...

Je n'ai aucun doute quant à la capacité de « Baume au cœur » à nous remonter le moral si le besoin s'en fait sentir. Il est important dans ces moments de pouvoir trouver les ressources, les réconforts...

Car soyons honnêtes, parfois le chocolat ne suffit pas...

JEUDI 30 MAI 2024

Les bourdes, les boulettes, les belles phrases qui ne veulent rien dire - ou comment ne pas rire, faire comme si de rien n'était, et rebondir.

Après « Baume au cœur », voici le petit cahier : « Les meilleures sorties des maîtres de cérémonie (nous compris) »

A l'intérieur, les mots, les paroles prononcés de façon impromptue... Ce qui sort de notre bouche alors même que notre tête nous dit « Tais toi... » Vous savez, cette impression de « Trop tard... C'est dit... » Ou encore ces belles phrases que l'on voudrait exprimer mais qui ne signifient rien. Ces jolis mots que l'on met bout à bout mais qui n'ont pas de sens...

C'est parfois aussi cela notre métier. Malgré nous. Parler en public ce n'est pas inné. Parler devant un public en deuil avec le cercueil du proche disparu à côté de soi l'est encore moins.
Les émotions, le contexte, le monde présent, sont autant de facteurs qui peuvent être perturbants. N'oublions pas que nous ne sommes pas surhumains.

Officier n'est pas donné à tout le monde et parfois même les meilleurs faillissent.
La dernière en date vient d'un maître de cérémonie chevronné, aguerri et très à l'aise avec les mots et la syntaxe.
Au moment d'annoncer le départ du cercueil, il a invité l'assemblée à se laver, au lieu de l'inviter à se lever.
C'est rigolo me direz-vous. Justement, c'est tout là le problème. Ne pas rire, surtout à cet instant. Se retenir, regarder ses pieds et reprendre le contrôle.

C'est comme lorsque l'on voit « René la taupe » sur la playlist.

Ou « Les sardines » de Patrick Sébastien. Évidemment que ça nous décroche un sourire.

Les langues qui fourchent, les accrocs, les répétitions, les digressions, c'est inévitable et pardonnable... La pire bourde qui puisse être faite et qui ne devrait jamais arriver est de se tromper sur le nom ou le prénom du défunt... Et pourtant, soyons honnêtes, cette erreur-là, nous l'avons tous commise au moins une fois...

« Pardonner ne signifie pas oublier. Cela signifie accepter ce qui s'est passé et choisir de ne pas en tenir compte. » Auteur anonyme

Alors aujourd'hui je demande « Pardon » à tous ceux que l'on a, malgré nous, pu offenser...

PAOH. C'est leur petit nom. Et aujourd'hui elles sont nombreuses.

Elles arrivent dans des boîtes de tailles différentes en fonction de ce qu'elles contiennent.
Leur prise en charge relève des compétences de l'établissement producteur qui fait appel au crématorium pour leur traitement. L'établissement nous appelle, nous fixons un créneau et un transporteur funéraire nous dépose les boîtes.

Nous ne savons pas ce qu'elles contiennent. Nous le devinons parfois lors de la surveillance de la crémation. Elles arrivent jusqu'à nous avec un numéro codé.

L'incinération est, comme le prévoit la loi, réalisée en dehors des heures d'ouverture du crématorium au public. Nous parlons ici d'incinération, car il s'agit de déchets au niveau juridique. Mais pas n'importe quels déchets.

Les Pièces Anatomiques d'Origine Humaine.

« Les pièces anatomiques sont des organes ou des membres, aisément identifiables par un non-spécialiste, recueillis à l'occasion des activités de soins ou des activités déterminées au dernier alinéa de l'article R. 1335-1. »[8]

Nous faisons aussi cela dans un crématorium…

---

[8] Source: CGCT - article R1335-9

LUNDI 3 JUIN 2024

C'est une première pour moi. Un pas vers l'inconnu. J'ai l'envie de découvrir, de voir comment c'est de l'autre côté.

C'est d'abord pour ça que je me suis portée volontaire, par curiosité. Puis ensuite, en tant qu'agent de service public j'estime que cela relève en partie de mon devoir.

Une réunion de préparation et d'information avait lieu ce matin. Réunion obligatoire qui m'a contrainte à laisser mes collègues sur deux très grosses cérémonies. Je n'ai pas d'inquiétude quant à leur efficacité mais dans ces moments je sais que nous ne sommes jamais trop...

J'arrive avec un peu d'avance, ce qui me permets de m'installer tranquillement, au bout d'un rang.
La réunion débute à l'heure. Pour certains, la majorité, il s'agit d'un rappel. Je pense que nous ne sommes pas nombreux à être là pour la première fois. J'essaie de comprendre, je ne pensais pas que tant de détails pouvaient avoir leur importance. La disposition des tables, les réglettes, la hauteur des piles... Je m'aperçois que rien n'est laissé au hasard.
Je sais qu'un guide explicatif nous sera remis, ce qui me permettra de me pencher dessus en détails avant le jour J. Histoire de ne pas être un boulet et de servir quand même à quelque chose !

Des rappels et conseils sont communiqués aux Présidents des bureaux : ne pas laisser ses clés dans le pantalon et changer de pantalon..., ne pas déroger aux règles, prendre ses responsabilités, être organisés, etc...

En tant que suppléant, je suis en soutien du titulaire. Ça tombe bien, le titulaire c'est Amanda, ma responsable, ouf ! Je ne serai pas en terrain complètement inconnu.

Dimanche 9 juin, élections européennes. J'assurerai des fonctions d'adjoint administratif suppléant.
Mon baptême électoral, et pas des moindres avec 38 listes. C'est aussi ça appartenir à la territoriale, que nous soyons ou non engagé politiquement, c'est œuvrer jusqu'au bout et tout le temps pour le service public et pour les usagers.

Elle peut paraître impressionnante cette machinerie mais finalement elle est somme toute assez logique.
La loi impose un système de filtration et de traitement des fumées (arrêté du 28 janvier 2010).
Chez nous c'est une filtration double, c'est à dire un filtre pour nos deux appareils.

Nous avons donc un filtre et un produit filtrant que nous appelons réactif.
C'est un produit extrêmement volatil à base de charbon.
Nous mettons régulièrement des seaux de réactif neuf dans une station qui l'envoie au filtre puis nous récupérons le réactif usagé dans des fûts de 200 litres.

Au bout d'un certain nombre de fûts remplis, nous contactons notre fabricant pour qu'il organise une collecte, faite par une société spécialisée chargée du traitement de ce réactif usagé.

Cette entreprise effectue régulièrement des analyses du réactif usagé pour le renouvellement des conventions. Et aujourd'hui, nous devons faire le prélèvement pour l'envoyer au laboratoire.
C'est moi qui m'en charge. Je m'équipe, j'ai presque l'impression de partir sur la lune !
Entre le côté volatile et le côté toxique du produit je prends mes plus grandes précautions. D'autant que ce sont trois litres qu'il faut fournir !

Je suis soulagée quand je referme la boîte, une bonne chose de faite.
Résultats dans quelques jours...
Il est difficile de s'imaginer toute la surveillance et la maintenance qu'imposent les appareils de crémation.

Même si le fonctionnement est automatisé, la main de l'homme reste indispensable.

C'est ça aussi que j'apprécie dans mon travail, l'aspect technique et mécanique des appareils. J'aime les comprendre pour mieux les apprivoiser...

Et malgré leur grande taille, ils ne m'impressionnent presque pas !

« Celui qui veut gravir la montagne ne doit pas se laisser impressionner par sa hauteur ! » Auteur anonyme

MERCREDI 5 JUIN 2024

Je vous parlais de technique hier...
Les appareils de crémation bien que logiques et très automatisés peuvent parfois faire des petits caprices...

Preuve en est ce matin.
Il faut savoir que nos appareils sont éteints le soir. Nous les programmons pour qu'ils démarrent automatiquement le lendemain. Selon leur température, l'ordinateur des appareils calcule la durée de préchauffage.
En effet, la chambre principale, la chambre de post combustion et le filtre doivent être à une certaine température pour qu'une crémation puisse débuter.

L'ordinateur est calé sur des datas qui déterminent le temps qui sera nécessaire pour que l'appareil soit à température.
Et parfois, il arrive que ces datas soient déréglées, à cause d'une microcoupure électrique par exemple. Les données étant erronées, l'ordinateur calcule une durée de préchauffe fausse...

C'est exactement ce qui nous arrive ce matin. Au moment de faire l'introduction (avec une visualisation) l'appareil n'est pas prêt... Filtre à 63 degrés (au lieu de 81) et température des chambres trop basses.

Impossible d'intervenir nous-mêmes... Je contacte donc un technicien de la maintenance qui relève l'anomalie sur les datas, nous les reprogramme et prend la main sur les commandes de l'appareil afin de pouvoir lancer la crémation. Tout cela prend bien 15 à 20 minutes...
Pendant ce temps-là, les membres de la famille attendent à l'accueil...
Bien évidemment ils sont avertis de notre retard.

Tout finit par rentrer dans l'ordre et si je dois retenir une chose de cette situation, c'est le calme à garder. Nous ne devons pas céder à la panique, jamais. Nous devons quel que soit le problème, faire preuve d'une posture professionnelle irréprochable.
Ma devise : à chaque problème sa solution.

Ne pas réagir à chaud. Réfléchir et surtout ne pas laisser planer le moindre doute dans l'esprit des familles. Tout simplement, être conscients et transparents.

« Quand un problème a une solution, il n'est pas nécessaire de s'inquiéter. Quand un problème n'a pas de solution, s'inquiéter ne sert à rien non plus… » Nelson Mandela

JEUDI 6 JUIN 2024

La maîtrise de ses émotions... C'est une compétence indispensable dans notre métier.
Parfois ce n'est pas facile. Comme ce matin.

Lorsque j'ai vu son nom sur le planning des crémations mardi j'ai d'abord pensé à un homonyme. Puis les documents m'ont confirmé que non, il ne s'agit pas d'un homonyme mais bien d'elle...

C'est moi qui suis d'assistance pour sa cérémonie. En prenant en charge son cercueil puis en voyant sa photo j'ai un pincement au cœur. Me reviennent en mémoire des souvenirs, vieux d'il y a vingt ans mais intacts. Avec sa nièce. Ma meilleure copine d'enfance.

À l'époque ma copine était souvent avec sa tante car ses parents travaillaient beaucoup. Et sa tante était une très bonne collègue de travail à ma mère. On se voyait donc régulièrement.

Vingt ans se sont écoulés mais personne n'a changé dans la famille... Je suis touchée par leur émotion, j'écoute attentivement les témoignages qui sont rendus, dont celui de ma copine.
Vingt ans après j'aimerai la prendre dans mes bras.

Ils ne m'ont pas vue ou pas reconnue. Devant leurs larmes, je sens mon corps un peu vacillant...

Ce n'est qu'au moment où ils quittent le crématorium et qu'ils se trouvent sur le parking que j'ose aller vers eux, vers ma copine.
Je m'approche d'elle, elle me regarde, me reconnaît. Elle s'effondre dans mes bras en me disant « Mais oui, toi aussi tu la connaissais... Et ta mère aussi... »

Je l'enlace et accueille son chagrin avec des mots emprunts de l'émotion qui me traverse à cet instant... Je lui dis que j'ai de très bons souvenirs avec elle et sa tante...

On n'oublie jamais ses premiers amours, ses premiers amis...
Vingt ans ont passé. La vie nous a éloignées et la mort nous a rapprochées...

Il est magnifique avec son petit liseré doré.
Si tant est que l'on puisse trouver un cercueil magnifique. Et encore plus celui d'un bébé...

Ils sont une petite centaine à être venus lui dire au revoir...avant même d'avoir pu lui dire bonjour. Il n'aura pas connu la vie autrement que dans le ventre de sa maman. Il s'est éteint quelques semaines avant de découvrir notre monde... Peut-être n'était-il pas destiné à l'expérimenter.

J'ai envie de croire que ces petites âmes qui s'éteignent avant d'avoir perçu la lumière ont fait leur choix... Qu'il leur serait impossible de vivre heureux sur terre...
Cela peut contribuer à expliquer l'inexplicable.
Car quel que soit l'âge, il n'est pas dans la logique de la vie que des parents voient leur enfant mourir. Mais souvenez-vous... La vie n'a pas de logique.

Le cercueil est si petit que les roses ne tiennent pas dessus. Il est déjà recouvert de pétales blancs, signe de paix, de pureté et de renouveau. Nous proposons aux proches de déposer les roses dans les poignées, afin que ces dernières puissent accompagner Côme tout au long de sa transformation.

Je ressens au milieu de cette douleur l'union entre le papa et la maman. L'image qu'il me restera d'eux est la dernière : debout de chaque côté du cercueil, ils se regardent, puis s'embrassent, en se tenant la main au-dessus de leur petit ange.

Ce qui est sûr, c'est que cette petite flamme d'âme qui s'est éteinte brillera à jamais dans le cœur de ses parents...

Parfois, souvent même, à côtoyer la mort, nous prenons de belles leçons de vie...

« Dieu inflige ses plus durs combats à ses plus forts soldats. »
Alison, mamange

DIMANCHE 9 JUIN 2024

C'est le jour J. Mon baptême électoral. Je suis curieuse de voir comment ça se passe.

À notre arrivée, nous vérifions que tout est en place. Nous installons la table de vote, et prenons note des membres qui composeront le bureau : un Président, un Vice-président (qui est également secrétaire) et deux assesseurs.
Les quatre personnes qui ont la garantie d'être présentes le soir au moment du dépouillement. Les personnes qui verront leur nom mentionné au procès-verbal.

Les Présidents des bureaux de vote sont les élus : maire, adjoints et conseillers.
Ce sont eux qui composent leur bureau.

Nous, agents municipaux sommes présents pour les questions d'ordre logistique et organisationnel.
Problèmes, questions, doutes... Nous sommes en mesure d'appeler le service élections qui nous apportera une solution.
Nous surveillons également les opérations de vote sous la responsabilité du Président.

A 8h, le bureau ouvre ses portes. Les premiers électeurs sont là.
C'est assez calme jusqu'à 10h30 puis animé jusqu'à 13h. Nous sommes contents, nous avons l'impression que la mobilisation est au rendez-vous. Du moins pour ce type d'élections...
Le sondage national à la mi-journée nous confirmera que nous sommes bien positionnés en termes de participation.

L'après-midi est plus calme mais reste quand même dynamique.

18h03, le Président annonce la clôture du vote. Les assesseurs comptent les signatures de la liste d'émargement pendant que nous préparons les tables de dépouillement.
Les scrutateurs sont prêts pour leur poste.

L'urne est ouverte. Les enveloppes comptées en paquets de dix puis groupées dans les enveloppes de centaine.

Le nombre de signatures, le nombre d'enveloppes et le compteur de l'urne concordent. Ouf !

Nous atteignons 53% de taux de participation.

Place maintenant au dépouillement. Deux tables, quatre scrutateurs (qui ne sont pas membres du bureau) par table.
Un à l'ouverture des enveloppes, un à la lecture des bulletins, deux au pointage.

Le dépouillement se fait assez rapidement. Les équipes sont efficaces.

Nous regroupons les feuilles de pointage et effectuons le comptage des voies.
Force est de constater que sur les 38 listes, 3 se dégagent aisément.

Nous remplissons les procès-verbaux et remettons à notre Président la feuille des résultats pour proclamation de ces derniers avant leur affichage obligatoire.

Nous rangeons le bureau de vote, ma mission se termine ici. À 19h45.
Le Président et Amanda poursuivent jusqu'au bureau centralisateur.
En effet nous n'étions qu'un bureau sur les 43 de la ville !

La bonne nouvelle, c'est que notre Président n'est pas arrivé le dernier à l'hôtel de ville ! Paraît-il que les Présidents n'aiment pas arriver en dernier – c'est le signe qu'il y a eu des problèmes.

Je rentre chez moi satisfaite de cette expérience, en me disant que je renouvellerai peut-être pour les municipales si besoin.
Je dîne en écoutant la télé d'une oreille. La fourchette m'en tombe lorsque vers 21h j'entends « Je dissous l'Assemblée Nationale ce soir et convoque de nouvelles élections législatives les 30 juin et 7 juillet. »

Je regarde le calendrier, et fais le calcul. 21 jours.
Cela me semble peu pour organiser un scrutin. Mais surtout, il y a de fortes chances pour que dans 21 jours je sois de nouveau en bureau de vote.
Dommage, j'avais prévu une sortie en Catamaran.

Mais bon... L'avenir de la France et des Français vaut plus qu'un tour en bateau.

A jamais pour le service public !

LUNDI 10 JUIN 2024

Je ne crois pas au sort qui s'acharne... Mais aujourd'hui mes croyances ont été remises en doute...

Embaucher un lundi matin et constater qu'il y a eu durant le week-end une coupure de courant ça nous est déjà arrivé. Par contre, réenclencher les fusibles, rallumer les appareils et voir qu'il y en a un qui ne redémarre pas, ça non.

Disons que l'appareil en lui-même marchait mais l'ordinateur qui nous permet de le contrôler non...
Avec le collègue on réfléchit, on débranche, on rebranche, on appelle la maintenance, on change les câbles, rien n'y fait... L'heure tourne, évidemment c'est sur cet appareil que nous devions commencer les crémations... Mon collègue fait démarrer le second appareil, ça nous laisse ainsi 1h30 supplémentaire pour trouver la solution. Nous détectons que le problème vient des prises électriques, qui sont des prises anglaises...
Nous décidons donc de raccorder le système sur le circuit électrique traditionnel. Alléluia ça fonctionne ! Avec quelques mètres de rallonge et une multiprise...

Nous informons le fabricant de notre « auto dépannage » en lui précisant qu'il serait judicieux de nous envoyer rapidement un technicien car notre installation est digne d'un raccordement de camping !
Ça tombe bien car le laboratoire d'analyse des rejets des appareils vient mercredi et le fabricant doit être présent lors de cette intervention. Il devrait nous résoudre le problème !

Nous nous disons que le problème est à peu près réglé, que nous allons pouvoir souffler...

C'est sans compter sur la coupure réseau du fournisseur internet et téléphone qui nous empêche d'avoir la ligne téléphonique et d'accéder au planning des réservations...
Deux heures coupés du monde, et c'est là que je m'aperçois de notre ultra dépendance aux technologies...
C'en ferait presque peur parfois...

Et puis comme la journée s'annonce burlesque, il nous manquait plus qu'un report de crémation pour faire le grand chelem ! C'est chose faite !
En effet, nous avons accueilli un défunt de forte corpulence pour qui la crémation était délicate à réaliser en fin de journée du fait des températures très élevées des appareils... Nous laissons cependant le soin à l'opérateur funéraire d'expliquer la problématique à la famille, puisqu'il savait très bien que des créneaux matinaux sont dédiés à ces situations-là, afin de garantir la sécurité de l'opération de crémation...
La crémation se fera donc mercredi matin. La famille s'est montrée très compréhensive et a bien évidemment pu bénéficier du temps de recueillement prévu pour dire au revoir à son défunt...

Je ne suis pas mécontente de fermer la porte du crématorium ce soir...
Il y a des jours comme ça.
Mais heureusement, comme dit l'adage, les jours se suivent mais ne se ressemblent pas ! Enfin je croise les doigts.

Il y a quelques temps, je vous parlais du deuil et du fait que chacun réagissait très différemment face à la perte d'un être cher.

Le deuil a pour origine le mot latin « dolus » qui signifie douleur. Ses définitions sont nombreuses[9] :
• Réaction humaine d'adaptation donc réaction normale à la perte.
• État de choc émotionnel provoqué par la perte d'un être cher (Larousse).
• Douleur, affliction, tristesse causée par la mort de quelqu'un (Dictionnaire médical).
• Réaction affective très forte à un évènement majeur de la vie chez la personne qui vit la perte d'un être cher, d'une fonction importante de son corps, d'un membre, de son autonomie personnelle, de sa vie, de son couple ou de son travail

Le deuil est singulier et fonction du lien unique entre deux personnes.
Il n'y a pas de durée normalisée du deuil.
Il a été étudié par de nombreux psychanalystes. Élisabeth Kubler Ross en définit les sept principales étapes[10] :

1- <u>Le choc :</u> état de sidération, forme d'anesthésie ;
2- <u>Le déni :</u> refus de croire l'information entraînant une contestation ;
3- <u>La colère :</u> confrontation avec les faits conduisant à une attitude de révolte vers autrui ;
4- <u>Le marchandage :</u> tentation de retour en arrière mais confrontation à l'impossibilité de ce retour ;

---

[9] Source: https://stm.cairn.info/reussir-tout-le-semestre-4-et-5-ifsi--9782311662443-page-371?lang=fr
[10] Ibid.

5- <u>La tristesse</u> : désespérance, souffrance, sentiment de vide. Etape décisive et difficile :
6- <u>La résignation</u> : abandon de la lutte :
7- <u>L'acceptation</u> : phase de remontée et d'espoir, résilience, intégration du deuil dans l'histoire personnelle, confiance en soi et nouvelle énergie.

Les étapes du deuil ne sont pas forcément toutes vécues par tous les patients ou dans le même ordre. Le deuil peut également prendre des formes particulières :
- <u>Deuil compliqué</u> : déroulement habituel du travail de deuil mais bloqué généralement dans la position dépressive (phase de tristesse) ;
- <u>Deuil pathologique</u> : apparition de maladies psychiatriques ou somatiques, chez des sujets n'ayant généralement aucun antécédent psychiatrique ou médical ;
- <u>Deuil blanc</u> : ensemble des pertes que vit un aidant accompagnant une personne qui, petit à petit, perd ses capacités mentales.

Si de mon côté je devais mettre des mots sur le deuil, au-delà du fait qu'il s'agisse d'une expérience personnelle, je reprendrai ceux-ci d'un auteur anonyme :

« Le deuil ne signifie pas l'oubli de la personne aimée. Bien au contraire, c'est une période dédiée au travail de mémoire. C'est pourquoi les gestes d'hommage et les rituels jouent un rôle déterminant dans ce chemin. Ils permettent de maintenir vivant le lien avec le défunt. »

C'est d'ailleurs souvent avec ces mots que je débute mes cérémonies...

MERCREDI 12 JUIN 2024

Elle avait 80 ans, et se battait depuis 20 ans contre le cancer...
C'est son fils qui a annoncé la nouvelle de son décès.

« Maman est partie. » a-t-il écrit.

Certaines morts nous touchent même si nous ne connaissons pas personnellement les défunts ni leur famille. C'est le cas ici. Quand j'ai appris la nouvelle ce matin j'ai ressenti un petit quelque chose.
Je l'aimais bien. J'appréciais sa sensibilité et ce qu'elle dégageait...

Je l'ai écoutée de nombreuses fois, au travail mais aussi chez moi.
Ses paroles étaient souvent si justes qu'elles réconfortaient même quand tout allait bien.
Ses amours chaotiques, son manque de confiance en elle, et sa timidité n'ont pas eu raison de son talent.

Je pense que nous continuerons à parler d'elle encore longtemps. D'elle et de ses compositions. Ce qui est sûr c'est que « Mon amie la rose » et « Tant de belles choses » ont encore de beaux jours devant elles. Comme quoi, la mort n'est jamais complètement la fin…

« ♫ Penses-y quand tu t'endors
L'amour est plus fort que la mort...
Dans le temps qui lie ciel et terre
Se cache le plus beau des mystères
Penses-y quand tu t'endors. ♫ »

Françoise Hardy 1944-2024

JEUDI 13 JUIN 2024

Des expériences douloureuses... Nous en entendons le récit encore trop souvent...

Comme cette défunte, que nous accueillons ce matin. Son mari est décédé dix jours plus tôt.
Pour lui, les enfants avaient opté pour la crémation, dans un autre crématorium. Ils ont été très déçus de la prise en charge sur place et de la cérémonie, jugée froide, impersonnelle et presque moralisatrice.

Aujourd'hui pour leur maman, de peur de revivre le même déboire, ils ont choisi notre crématorium et aucune cérémonie...
Ils se sont privés d'un dernier hommage à leur mère par crainte du manque de professionnalisme du maître de cérémonie.

Je trouve cela tellement triste...
Notre métier ce n'est pas juste réciter de belles phrases et porter un beau costume.
C'est savoir entrer en empathie avec les gens, être à leur écoute... Je suis navrée de cette mauvaise expérience qu'ils ont vécue.
En plus de perdre leurs deux parents en l'espace de dix jours, ils doivent vivre avec le sentiment de ne pas avoir été accompagnés comme ils l'auraient souhaité... Fort heureusement qu'ils n'aient pas eu à se plaindre de l'opérateur funéraire...

J'aimerai dire à cette famille que si certains voient notre métier comme un moyen de gagner leur vie, d'autres le voient comme une réelle mission de vie. La différence c'est l'implication, la source, la motivation...
Que cette famille puisse trouver la sérénité qu'elle mérite et qu'un jour elle tombe sur quelqu'un qui saura les réconcilier avec le véritable sens de notre métier...

« Parler de ses peines, c'est déjà se consoler. » Albert Camus

VENDREDI 14 JUIN 2024

« Tu parles d'un métier toi...
— Ben oui mais il en faut... »

Ce sont les chuchotements prononcés par la veuve éplorée et sa fille au moment où je me suis approchée du cercueil pour le départ... Elles pensaient certainement que personne n'entendrait... Je n'ai rien laissé paraître mais au fond de moi j'ai souri...

J'ai souri car je constate souvent les à priori que portent les gens sur notre profession...
Comme s'il s'agissait d'un choix par défaut. Je voudrai dire à toutes ces personnes que non seulement je ne suis pas punie mais surtout que mon métier, je le choisis chaque jour qui passe.

On ne peut pas imaginer tout ce qui se vit en côtoyant ainsi la mort... J'entends que certains préfèrent s'en éloigner. La mort est triste, parfois moche et souvent injuste. Mais elle a cette étrange faculté de nous ramener à notre place. De mortel.

Beaucoup vivent comme s'ils étaient éternels et je pense que c'est ce qui rend la mort aussi violente pour eux.
A mon humble niveau, j'essaie d'intégrer que la mort est partout, n'importe quand. Je ne m'empêche pas de vivre par peur de la mort (et heureusement !) mais j'apprécie autant que possible tout ce que je vis.

Je pense que la mort est indissociable de la vie et s'il est nécessaire de s'occuper des vivants il en est tout autant pour les morts.

A toux ceux qui pensent :
-que ce métier est un choix par défaut
-que pour travailler dans la mort il faut aimer la mort

-que les personnes qui travaillent dans le funéraire sont déséquilibrées psychologiquement
-que le funéraire c'est toujours triste
-que ce n'est pas "rien" comme métier et qu'il "en faut"

Je leur affirme que c'est avant tout un métier de vocation, dans lequel nous apportons écoute et accompagnement en toute humilité...
C'est un noble métier, où les valeurs humaines sont essentielles et où tout le monde s'accordera à dire que ce n'est pas fait pour n'importe qui...

On dit souvent que l'on arrive "par hasard" dans le funéraire. Mais le hasard est ce que nous appelons nous, la destinée...

Summum Bonum – Fais de bonnes choses
Amor Fati – Aime ton destin
Memento Mori – Souviens toi que tu vas mourir

L'esprit d'équipe. C'est ce que je tiens à souligner aujourd'hui.
Savoir s'entraider, se soutenir et se suppléer.

Comme tout le monde, nous ne sommes pas épargnés par le deuil.
Mes trois collègues en savent quelque chose. Le premier a perdu son
petit frère, le second son ancienne amoureuse avec qui il a partagé
26 ans de sa vie et le dernier vient de perdre son beau-père. Tout ça
en l'espace de deux mois.

Il n'est pas évident d'être en deuil dans notre environnement. Tout
nous rappelle ceux que nous avons perdus. C'est pourquoi je tiens
dans ces moments difficiles à être un réel soutien pour mes
collègues, à prendre le relais si besoin, à les laisser se poser et
souffler s'ils en ressentent la nécessité. Chacun réagit très
différemment face au deuil, selon les circonstances du décès, le lien
partagé avec le défunt...
Mais souvent, c'est un moment où il faut laisser de la place pour
accueillir les émotions.

Notre métier est indissociable d'une posture professionnelle digne et
exemplaire. Il nous faut une stabilité émotionnelle. C'est pourquoi
prendre un peu de recul peut faire du bien...

Je voudrai dire à mes collègues ce soir qu'ils peuvent compter sur
moi, chaque jour, dans les bons et les moins bons moments.
Que nous sommes une team et que nous avons tous besoin les uns
des autres.
Que notre esprit d'équipe fait notre force et qu'il nous aide à
améliorer chaque jour notre service...
Je suis là...

C'est peut-être un détail pour vous mais pour nous ça veut dire
beaucoup...

MARDI 18 JUIN 2024

Profiter de la vie[11]

« Il n'est pas trop tard pour savoir,
Que la vie est courte, que la vie est fragile,
Que la vie part sans prévenir.

Je veux dire à tous de profiter des êtres chers,
De leur dire tous les jours leur amour,
De leur donner des joies.

On ne pense pas à la mort quand on vit,
Et la mort vient nous frapper au plus profond de nous,
Sans crier gare, et il est trop tard.

Non, il n'est pas trop tard.

Tu m'entends, tu me vois, tu me parles encore,
Tu me conseilles, tu me guides.
Une partie de toi est en moi,
Une partie de moi est partie avec toi.

On se retrouvera, on dialoguera.
Tu me conseilles et me guides toujours.
Et cela la mort ne peut pas nous le prendre.
Repose en paix.
Je ne peux pas te dire adieu, mais au revoir. »

Le choix d'un texte n'est jamais anodin...

---

[11] Source: https://www.pompesfunebresdurot.com/textes-et-poemes/

À qui ne veut pas trop prendre de risque il y en a qui plaisent à tous les coups... « La mort n'est rien », « Le train de la vie », « Le papillon doré », etc...

Personnellement, j'apprécie pouvoir orienter le choix de mes textes selon ce que j'ai appris du défunt, de sa vie, et selon mes ressentis.

Aujourd'hui j'ai entendu ce texte. Ce n'est pas moi qui officiais mais je l'ai trouvé tellement bien choisi... Le défunt avait 48 ans, et je me plais à penser que c'est certainement le message qu'il aurait aimé faire passer.

Profiter de la vie... Tout le monde est d'accord mais combien y arrivent ??

MERCREDI 19 JUIN 2024

Ce matin c'est réunion d'équipe avec Amanda, notre responsable. L'occasion de faire un point sur tous les petits et grands chantiers du crématorium.

Nous sommes ravis car nous avons finalement peu l'occasion de nous retrouver tous ainsi sur un temps bien défini. Une heure pour échanger c'est précieux. Le planning était calme en ce début de journée, c'était le bon moment.

Au programme :
- le projet du nouveau crématorium qui est semble-t-il enfin bien ancré dans les tuyaux du Maire. LA plus belle des nouvelles !
Les choses sérieuses vont commencer, et une nouvelle aventure à vivre.
- nos commandes d'EPI[12] qui n'en finissent pas d'arriver, sous couvert que ce que nous demandons ne figure pas dans notre dotation et que les formulaires envoyés ne sont pas les bons...
- l'intervention que nous attendons (toujours) pour notre problème de sono qui craque
- le devis pour la commande de deux cendriers en inox supplémentaires (très onéreux)
- l'organisation de la réunion de direction qui va nécessiter la fermeture du crématorium une journée entière en juillet.
(Il faut savoir que le crématorium n'évolue pas seul... Il fait partie du Service « Cimetières et crématorium » qui est lui-même rattaché à la Direction « Accueil et Formalités Citoyennes », elle-même attachée au Pôle « Vie de la Cité »)
- le photocopieur qui nous fait bourrage papier sur bourrage papier
- les statistiques

---

[12] EPI : Equipement de Protection Individuelle

- la réflexion sur une nouvelle organisation des créneaux de cérémonie et de crémation qui doit permettre de limiter les retards et d'apporter souplesse et sérénité.

Une heure que l'on peut qualifier de productive et de constructive !
Une heure qui nous rappelle que nous appartenons à la Fonction Publique Territoriale avec ses inconvénients (multiples autorisations et délais longs) mais surtout ses atouts dont le principal pourrait même devenir un slogan : *une mission de service public réalisée par des agents publics au service du public* !

A ce jour, aucun crématorium géré en délégation ne peut prétendre à une telle gratification !

Comment se créé et se gère un crématorium ? En voilà une question intéressante !

« La création et la gestion des crématoriums relèvent de la compétence communale et intercommunale, en vertu de l'article L. 2223-40 du Code Général des Collectivités Territoriales (CGCT) qui précise que seuls les communes et les Etablissements Publics de Coopération Intercommunale (EPCI) sont « compétents pour créer et gérer les crématoriums et les sites cinéraires ».

La procédure de création des crématoriums, régie par le code de l'environnement, comporte plusieurs étapes, au terme desquelles le Préfet de département délivre son autorisation, par arrêté. Cette procédure est initiée sur délibération de l'organe délibérant de la commune ou de l'EPCI compétent et prévoit la réalisation d'une étude d'impact, d'une enquête publique ainsi que de l'avis de la Commission Départementale compétente en matière d'Environnement, de Risques Sanitaires et Technologiques (CODERST).

Cette procédure implique pour la commune ou l'EPCI de justifier de la pertinence de ce projet, au regard des besoins existants de la population et de son lieu d'implantation.

La gestion des crématoriums quant à elle peut s'effectuer directement ou par voie déléguée. Le mode de gestion d'un crématorium répond à des considérations différentes de celles de la création. »[13]

---

[13] https://www.lagazettedescommunes.com/643570/par-qui-et-comment-peut-etre-cree-et-gere-un-crematorium/

Aujourd'hui sur les quelques 220 crématoriums de France, seuls 18% (environ 40) sont gérés en régie, c'est-à-dire directement par la collectivité territoriale.

De nombreuses collectivités optent pour une gestion déléguée sous la forme de DSP (Délégation de Service Public) qui permet donc de confier la gestion de l'établissement à un délégataire privé, tout en conservant sa maîtrise :

-       la mission est encadrée par le contrat de délégation de service public, qui fixe notamment les conditions d'exploitation et les tarifs.

-       le délégataire assure cette mission avec son propre personnel, selon les méthodes de la gestion privée et en assumant les risques.

-       la collectivité garde la maîtrise de l'infrastructure, le délégataire étant tenu de rendre des comptes sur sa gestion technique et financière.

Quels sont donc les avantages pour une collectivité de gérer un crématorium en régie ?

Une mission de service public réalisée par des agents publics au service du public !

Souvenez-vous notre slogan d'hier ! Le principal intérêt est donc de préserver le service public au cœur de la collectivité, de l'assurer avec un personnel formé appartenant à la Fonction Publique Territoriale (avec tous les devoirs qui lui sont liés) et d'en assumer l'entièreté des risques d'exploitation. Cela permet une gestion au plus proche du service, sans intermédiaire avec une maîtrise totale de ce service public.

Face au caractère très spécifique de ce service, de nombreuses collectivités ne souhaitent pas se doter des compétences internes, techniques et humaines, ni même assurer le risque d'exploitation.

Travaillant dans un des 18% de crématoriums publics de France, je ne vous cache pas d'une part ma fierté d'appartenir à une collectivité pour qui le sens du service public prend le dessus sur tout un tas de contraintes techniques, humaines et financières et d'autre part ma volonté d'œuvrer chaque jour pour que ce service perdure et ne soit jamais confié à un prestataire privé qui s'intéresserait en premier lieu aux résultats.

Notre force aujourd'hui elle est là : dans ces valeurs, dans cet esprit, dans cet objectif, dans CE service public. Notre fil conducteur.

La gestion du temps n'est pas un concept facile à maîtriser dans le funéraire, pour la simple et bonne raison qu'il est difficile de prévoir dans un milieu plein d'imprévus.

Et pourtant au crématorium nous devons prévoir. C'est seulement dans les moments prévus que l'imprévu devrait être autorisé à se manifester. Mais il n'en est rien.

Nos contraintes techniques et organisationnelles nous obligent à respecter les horaires de mise à la flamme... Nous avons toutefois une tolérance d'une dizaine de minutes qui permet de ne pas nous mettre trop en difficulté. Au-delà ça devient critique.
Pas pour nous, mais pour les défunts et familles suivants.

Nous demandons aux opérateurs funéraires de se présenter 15 minutes avant le début de la cérémonie.

Il n'est pas surprenant que nous puissions parfois maugréer lorsqu'un opérateur funéraire arrive 30 minutes en retard (soit 15 minutes après l'heure initialement prévue de début de cérémonie) ou encore une heure avant avec les familles qui attendent sur le parvis et le défunt qui reste dans le corbillard le temps que nous soyons disponibles pour le prendre en charge...

Question de respect, question d'éthique.

Alors dans un élan de réflexion, après qu'un opérateur funéraire arrivé trop en avance nous ait installé l'urne de son défunt en salle de cérémonie alors que la famille précédente n'était pas encore sortie car son collègue a terminé en retard, nous avons pris la décision de revoir une partie de notre organisation. Laisser plus de temps entre deux cérémonies, verrouiller l'accès de la partie technique aux opérateurs funéraires tant que nous ne sommes pas disponibles pour les recevoir, et décaler certains horaires de mise à la flamme.

Tout cela est censé améliorer le confort de travail de tous et surtout, ne pas nuire à la qualité du service rendu aux usagers. Notre cheval de bataille. Ce pourquoi nous continuerons de maugréer si nous estimons qu'elle n'est pas à la hauteur de nos attentes.

Ce pour quoi, chaque jour, nous nous levons.

Aujourd'hui j'ai fini un travail « nigeassant » comme dirait ma mère mais très intéressant à observer et à analyser une fois terminé : les statistiques...

Et pas n'importe lesquelles... Celles qui nous permettent d'établir avec quels opérateurs funéraires nous travaillons le plus.

Je fais ce fichier à partir de l'extraction du registre des crémations depuis le logiciel de réservations. C'est génial car nous pouvons ainsi analyser de nombreuses données. Je remonte jusqu'en 2021, avant, l'extraction du registre n'était pas possible...

Je filtre, je compte (enfin Excel compte pour moi), je groupe, je convertis et cela me permet de faire ressortir le top 5 des opérateurs funéraires qui viennent au crématorium.
Le résultat reflète évidemment la proximité géographique mais pas que !

C'est intéressant de relever toutes ces données car pour bien appréhender notre environnement nous devons le connaître parfaitement. Ces statistiques et tous ces chiffres nous permettent cela.

De façon générale, il ressort que d'années en années le nombre de crémations est en augmentation. Il semble et c'est ce que bon nombre de sociologues s'accordent à dire que la crémation a le vent en poupe.

Les raisons de cette évolution des mœurs sont multiples : économiques, géographiques, et sociétales.

Faut-il craindre une baisse d'activité consécutive à l'ouverture prochaine d'un nouveau crématorium à 40 kilomètres de nous ? Je ne crois pas, à en juger les résultats de mes statistiques...

« Au moins vous aurez toujours du travail... »

C'est souvent ce que l'on nous dit, mais si c'était vrai ?

Comment choisir une sépulture ?
C'est une famille désemparée que je reçois en cette fin d'après-midi...

Ils sont quatre : la fille et son conjoint, le fils, et la compagne. La crémation est prévue vendredi matin.
Ils se présentent pour le choix d'un columbarium. Lorsque je leur présente les différents emplacements, je les sens plus qu'hésitants... Le cavurne ne les convainc pas davantage. Ils me touchent. Ils sont déboussolés.
La compagne et la fille ne veulent pas qu'il soit trop haut, ni trop bas, ni dans le passage. Le fils, de 10 ans, veut que l'on voie bien son papa. Le conjoint de la fille reste à l'écart, les larmes aux yeux.

Nous retournons deux fois voir les emplacements disponibles. Ils ne savent pas... Je leur explique qu'ils peuvent prendre le temps, que nous pouvons conserver l'urne au crématorium le temps qu'ils réfléchissent...
Nous devons nous recontacter demain ou jeudi pour l'organisation de la cérémonie. Je les quitte donc ce soir avec la responsabilité de ce choix cornélien... Au fond de moi, je me demande comment pouvons-nous faire ce choix... C'est si difficile...

Choisir implique la notion de préférer une chose à une autre... Mais en de telles circonstances, le seul choix que souhaite faire cette famille, c'est retourner en arrière. Quatre mois plus tôt, avant cette terrible et brutale descente aux enfers.

Ce qu'ils souhaitent là, c'est le choix de l'impossible.

Il faut se réhabituer. C'est toujours la même chose, à toutes les saisons. Enfin surtout l'été et l'hiver.

Les températures.

Nous sommes habillés toute l'année de la même façon. Notre tenue de travail, notre costume ne nous quitte jamais.
Et si l'hiver il m'est toujours possible de rajouter une épaisseur sous la chemise, l'été c'est compliqué de faire avec moins...

D'autant qu'il faut prendre en compte au-delà de la météo extérieure, la tendance à l'intérieur du crématorium... Bâtiment de 35 ans... Isolation légère voire inexistante.

Notre salle d'accueil et notre salle de cérémonie sont climatisées. C'est tout.
En ce moment, dans l'ensemble du bâtiment la température doit avoisiner les 26 degrés.
Dans la partie technique, la salle est à 30 degrés. Et ce n'est que le début de l'été...

Nos organismes doivent s'acclimater à ces variations de température. Nous allons et venons de l'espace climatisé à la partie technique des dizaines de fois par jour...

Comment je le vis ?
La chaleur me ralentit physiquement et cognitivement... Je bois beaucoup. Le pire ce sont les décendrages, avec les 800 degrés des appareils qui s'échappent.
Mais je ne le vis pas mal. Cela fait partie de mon travail.

J'ai conscience de travailler dans un environnement vieillissant. Je m'adapte. Je fais fi. Car toutes les contraintes que peut avoir mon métier - comme dans tout métier - sont largement compensées par tout ce qu'il m'apporte au quotidien.

Avoir chaud ou froid et pouvoir s'hydrater ou se réchauffer est-ce si grave quand nous voyons chaque jour des personnes dans la peine après avoir perdu l'un des leurs ?

J'essaie toujours de remettre les choses à leur place... Relativiser...
Je leur dois.
À tous ces défunts qui, dans leur cercueil auraient encore aimé pouvoir ressentir le chaud ou le froid...

Je leur dédie tous mes frissons et toutes mes boissons !

JEUDI 27 JUIN 2024

Il est 15h45 lorsque Camille se présente à l'accueil.
Camille c'est la fille de Jean-Marc, le défunt.
C'est elle qui a dû, avec ses proches faire le dur choix de l'emplacement de columbarium.

Elle m'informe qu'ils ont tranché. Ça sera le numéro 73.
Aujourd'hui nous devons préparer la cérémonie. J'apprécie de pouvoir recevoir les familles au crématorium, cela me permet de créer un lien physique avec eux et parallèlement de leur présenter la salle de cérémonie, afin qu'ils puissent se préparer matériellement mais surtout émotionnellement...

C'est aussi un échange propice aux confidences, au partage. J'apprends beaucoup de choses lors de ces entretiens. Des choses qui vont me permettre d'orienter ma cérémonie.

Ce que je vois cet après-midi c'est une Camille très forte et courageuse qui porte toute sa famille.
« Le plus dur n'est pas passé. »
Elle tient pour ses grands-parents qui ont perdu un fils, pour son petit frère. Elle se demande comment il va faire sans son papa.
Elle pense à sa belle-mère dans la peine.
Mais pense-t-elle à elle ? A son propre chagrin ? S'autorise-t-elle à l'accueillir ? Car il est inévitable ?

Non. Elle verra après. Elle lutte mais devant moi, elle s'effondre. Elle semble si responsable vis à vis du décès de son père et de toute l'organisation des funérailles mais en même temps si fragile dès qu'il s'agit d'aborder des sujets très concrets tel que la présentation de l'urne lors de la cérémonie...

Ce que vit Camille porte un nom, le deuil.

Ce chemin très personnel, aux multiples aspects, avec cette douleur vive, fraîche, qu'aucune personne et aucun mot ne sauront soigner. Tout juste sauront ils l'apaiser, la soulager... Et c'est déjà énorme.

Camille est entourée et c'est précieux.
Elle va vivre des moments de haut et de bas. Elle va pleurer, beaucoup, puis rire à nouveau. Parce que son père aimait rire. Et que son père l'aidera à rire encore.

Je n'ai aucun doute là-dessus.

Le convoi arrive. Je suis à l'extérieur pour accueillir Jean-Marc - le défunt - et sa famille...
Je récupère la clé USB avec les musiques auprès de Camille, puis je les invite à se rapprocher de l'accueil et les informe que je vais préparer la salle de cérémonie.

Ils sont environ 80 à entrer sur une musique de Led Zeppelin. La sélection musicale de Camille est de très bon goût, et j'imagine que c'est un héritage de son père.

Personne ne prendra la parole au cours de la cérémonie, Camille ne le souhaitait pas. Je prête ma voix pour lire l'hommage écrit par Sylvie, la compagne de Jean-Marc.
Je lis ensuite un texte que je dédie aux parents de Jean-Marc sur la perte d'un enfant puis un dernier texte qui fait écho à ce que Sylvie a écrit dans son hommage...

Ces lectures sont entrecoupées de musiques. Derrière le pupitre, je ressens l'émotion vive qui habite Camille, son frère, ses grands-parents et Sylvie. J'entends leurs larmes couler. Je les trouve empreints de dignité.

Le dernier geste se fera sur un morceau live de Pink Floyd, treize minutes pour se souvenir et dire au revoir à Jean-Marc. Il ne fallait pas moins.

L'inhumation de l'urne en début d'après-midi fut toute aussi solennelle. Il faisait chaud mais nous avons pris le temps pour le recueillement.
Cela me semble important car après le moment d'expression au cours de la cérémonie, la remise de l'urne est un moment de méditation, où le silence règne. C'est le moment de la prise de conscience, de

l'intégration de la transformation rapide et irréversible de l'être cher. En tant qu'agent funéraire, nous devons respecter ce silence, ne pas chercher à parler pour combler...

J'attends l'autorisation de Camille et de ses proches pour procéder à la fermeture de la sépulture, moment qui scelle la fin du parcours chronométré des obsèques et le début d'un autre parcours, beaucoup plus long, personnel et intime, pour apprendre à vivre autrement...

« Il y a quelque chose de plus fort que la mort, c'est la présence des absents dans la mémoire des vivants. » Jean D'Ormesson

DIMANCHE 30 JUIN 2024

Episode 2 du baptême électoral.

Du moins devrai-je préciser que je ne suis plus une bébé aide-secrétaire mais une ado aide- secrétaire ! Et la semaine prochaine, s'il y a un second tour, je serai même adulte secrétaire. Amanda ne sera pas présente, elle sera en vacances... Je prendrai donc la mission de secrétaire titulaire et serai assistée par une secrétaire suppléante. Entre nous, ça me stresse un peu surtout que notre Président tient à arriver parmi les premiers en mairie !

Il faut reconnaître que l'organisation de ces scrutins en si peu de temps est digne d'un sprint.
Trouver le personnel pour préparer et tenir les bureaux semble ne pas avoir été une mince affaire...
Il a fallu faire en trois semaines ce qui se fait habituellement en plusieurs mois.

Mais je dois vous dire que, de mon point de vue nous avons un super service élections. Au niveau de notre bureau, tout s'est très bien passé. Pas d'incident, d'oubli, d'erreur majeure... L'organisation, aussi brève fut elle était au top. Rien à redire.

Nous étions le premier bureau à nous présenter en mairie pour la vérification. Notre Président a apprécié. Je me suis toutefois permise de lui rappeler que la semaine prochaine il en serait probablement autrement...Amanda n'étant pas là...

J'ai tout noté, pour ne rien oublier. Pour me montrer la plus organisée et efficace possible, pour tenir la réputation de notre bureau et pour ne pas décevoir le Président !

C'est intéressant ces journées, ça change de notre travail quotidien, nous rencontrons et échangeons avec des personnes que nous ne verrions peut-être pas autrement...
C'est fatiguant aussi, nous commençons tôt, finissons tard, sommes très sollicités... Le cerveau est en ébullition toute la journée !

Si bien qu'en arrivant chez moi, je ne consulte même pas les informations pour les premiers résultats. Je m'isole dans ma chambre, au calme pour faire la seule chose qui peut me changer les idées et qui ne m'oblige pas à parler : ouvrir un bouquin et me plonger dans une histoire sans aucun rapport de près ou de loin avec des législatives, des scrutins, des votes, des abstentions ou tout autre concept pseudo politique !

Et ça me fait du bien ! Demain sera bien assez tôt pour prendre conscience du chaos national...

Ce matin c'est Robert qui se présente pour officier. Il était venu vendredi déjà. Nous le voyons peu mais je l'adore. Il travaille pour un opérateur funéraire local qui a plusieurs agences dans le sud du département.

Je suis contente de le revoir à nouveau mais je déchante vite quand il me dit qu'il faut qu'il me parle de vendredi et que je ne vais pas être déçue du voyage...
Je blêmis, je réfléchis à ce qui a pu se passer. Je ne vois pas, je commence à m'inquiéter...
Il me dit qu'il a reçu un message sur son portable et qu'il faut que j'en prenne connaissance.

Il me tend l'appareil, je commence à lire...

« Bonsoir Robert,
Merci pour tout pour la journée des adieux pour ma maman. Tout s'est très bien déroulé. Merci à Marc également quand tu le croiseras. Et j'ai aussi beaucoup apprécié au crématorium la douceur du départ du cercueil et quand la dame a déposé avec délicatesse par terre une rose. Si à l'occasion tu revois la dame j'ai beaucoup apprécié sa délicatesse et la poésie de ses gestes. À bientôt. »

A la lecture de ce message je comprends que la dame c'est moi et que Robert m'a fait marcher en me faisant croire qu'il s'était passé quelque chose. Je respire à nouveau, je lui rends son téléphone et il me sourit. Je le remercie pour ce partage, profondément touchée par les mots de cette femme endeuillée.

Le rituel du départ, avec le dépôt de la rose à la place du cercueil est quelque chose que nous avons mis en place il y a quelques mois maintenant. L'idée n'est pas nôtre mais nous avons trouvé la symbolique tellement forte et douce que nous avons choisi de nous en inspirer pour créer ce qui est aujourd'hui, un geste empreint de sens et d'évidence.

« Et si je connais, moi, une fleur unique au monde, qui n'existe nulle part sauf dans ma planète... » Antoine De Saint Exupéry

MARDI 2 JUILLET 2024

Il y a des jours qui sont de véritables beaux jours, de vraies bénédictions, comme aujourd'hui.

Le crématorium est fermé car nous avons notre réunion de direction jusqu'à 14h. Un événement qui se tient deux fois par an et qui réunit les agents de tous les services de la DAFC (Direction d'Accueil et des Formalités Citoyennes)
Pour rappel, le crématorium fait partie du service « Cimetières et crématorium » qui fait lui-même partie de la DAFC.

Nous sommes environ une soixantaine à nous retrouver à la maison des associations. L'occasion de se rencontrer, d'échanger, et d'établir une culture commune de direction.
Lorsque nous arrivons, une femme s'avance vers nous, elle s'appelle Catherine et est notre collègue de l'état civil. Elle nous reconnaît immédiatement. Pour cause, elle a perdu sa sœur il y a quelques semaines. La cérémonie a eu lieu au crématorium et j'étais sur l'assistance du maître de cérémonie.
Catherine s'approche de moi et m'enlace. Elle m'offre ses remerciements pour mon accompagnement et ma discrétion ce jour-là... « Toi, surtout ne change pas... » Je la regarde, je lui souris, pleine de gratitude...

Nous débutons la matinée par la présentation d'un des services de la direction : « Etat civil et titres d'identité ». C'est intéressant car il est vrai que nous côtoyons peu les autres services... Nous sommes géographiquement éloignés, le crématorium se situant à une extrémité de la ville.

S'en suivent des ateliers de groupe autour du thème « Égalité hommes femmes ». Les débats sont fructueux !

Bien que cette réunion revêt un caractère obligatoire, un collègue réfractaire affirme haut et fort qu'il a « autre chose à faire », qu'il a « du travail » et qu'il ne veut pas perdre son temps avec « ces conneries ». Il décide, contre l'avis de ses responsables de quitter la réunion et de retourner à son poste (préparation des élections).
Cela a quand même jeté un petit froid...

Nous terminons la matinée par un repas partagé en style « auberge espagnole », c'est convivial et léger !

Nous rentrons ensuite au crématorium avec les collègues et décidons de nous occuper des extérieurs.
C'est en arrivant que je relève que j'ai un message sur mon répondeur.

C'est Marc PROUST, le prédécesseur du prédécesseur de ma responsable. L'homme qui est à l'origine de la cartographie et de l'informatisation de nos cimetières, et surtout, l'homme qui s'est battu pour que La Pyramide sorte de terre, pour que notre crématorium existe...

Je l'avais rencontré il y a quelques semaines à l'occasion d'une cérémonie et je lui avais parlé de mes recherches aux archives municipales pour connaître l'histoire du crématorium. En effet je voulais le voir autrement qu'un bâtiment vieillissant... Je voulais comprendre son âme...
M. PROUST devait me rappeler pour partager toute cette histoire, cette évolution...
Alors aujourd'hui, dans son message, il me demande à quel moment nous pouvons échanger.

L'alignement des planètes...

Il m'appelle le jour où le crématorium est fermé et où nous pouvons prendre du temps pour le recevoir !

Je le recontacte aussitôt en lui proposant de nous rejoindre au crématorium.

C'est chose faite. Trente minutes plus tard, il franchit le seuil.

Nous passerons trois heures à l'écouter nous raconter comment, à partir d'un tract remis par son directeur, le projet de crématorium s'est construit, avec de nombreux aléas mais beaucoup de convictions, pour proposer à la population un autre mode de funérailles...

Fort de nombreux soutiens, le projet a pu aboutir et le crématorium a ouvert en juin 1989, sous l'égide d'une association crématiste. Malheureusement six mois plus tard, en raison d'une loi défavorable au financement des associations, ils ont fait faillite et la ville s'est ainsi positionnée pour racheter le crématorium et en faire un service public à part entière qui perdure encore aujourd'hui.

L'entendre nous raconter tout ce passé, toute cette histoire nous captive, nous conforte et nous motive à continuer sur notre lancée, à nous battre pour que ce service public reste public et à œuvrer chaque jour pour accompagner ces défunts et ces familles endeuillées...

Il est content. C'est lui qui nous le dit. Il est content que « les jeunes » prennent la relève. Et il est rassuré de voir que les valeurs qu'il a défendues il y a 35 ou 40 ans sont encore aujourd'hui les valeurs que l'on partage malgré toutes les évolutions sociales et sociétales que nous avons connues.

Il y a des choses qui seront toujours intemporelles. Le respect lié aux funérailles est de celles-là.

Les préparations de cérémonie sont parfois complexes...
Aujourd'hui je le vis, pleinement.

Je dois prendre l'attache de la compagne du défunt pour organiser la cérémonie prévue vendredi. Ils ne sont pas mariés mais partagent leur vie depuis 24 ans. C'est donc elle qui pourvoit aux obsèques.
Je laisse un message vocal.

Le téléphone sonne quelques minutes plus tard. C'est la fille du défunt, qui me pose plusieurs questions notamment sur le devenir des cendres. Je l'informe que j'ai tenté de joindre la compagne de son papa, en vain. Je réponds à ses interrogations et elle me demande si elle peut venir demain au crématorium pour « voir ».

Une bonne heure passe quand le téléphone sonne à nouveau. Cette fois c'est la compagne du défunt qui me rappelle suite à mon message vocal.
Je fais le point avec elle sur l'organisation de la cérémonie. C'est très clair car le défunt avait une convention obsèques. Je l'informe que sa belle-fille m'a appelée pour avoir quelques renseignements et pour venir voir le crématorium. Je l'invite à l'accompagner si elle le souhaite.

À partir de ce moment, je perçois que leur relation n'est pas si belle que je pouvais l'imaginer... La compagne se confie, je l'écoute. Il semblerait que la fille du défunt veuille déroger aux volontés de son papa.
Je rassure la compagne quant à notre obligation de respecter les vœux de son compagnon. Elle m'explique qu'elle n'éprouve pas le besoin de venir me voir le lendemain car tout lui paraît très clair et qu'elle habite loin... Elle ne viendra donc pas avec sa belle-fille mais

accepte que cette dernière puisse éventuellement choisir d'ajouter des musiques pour la cérémonie ou de lire un texte...

Je l'écoute longuement me raconter leur vie... Je me dois d'être impartiale dans ces instants.
Pour m'aider, je m'en tiens uniquement aux faits et à la réglementation. En l'occurrence ici, c'est la compagne qui a pouvoir sur les obsèques, c'est donc à elle que je m'en remets, et que je m'en remettrai jusqu'au bout des missions d'accompagnement qui me sont dévolues.

La loi est très claire, en cas de conflit intrafamilial sur la prise en charge des obsèques et le devenir des défunts, le tribunal judiciaire doit être saisi. Le juge a 24h pour rendre son verdict.

Je n'ai jamais eu pareil cas, et heureusement... Car il est essentiel de se rappeler, qu'à ce moment, ce qui compte c'est l'hommage et le respect dus au défunt. Ses volontés. Pas celles de sa famille.

JEUDI 4 JUILLET 2024

Souvenez-vous... Il y a quelques semaines je vous parlais du devenir des enfants nés sans vie.

Ce matin avait lieu la réunion avec mes supérieurs hiérarchiques et l'équipe de la maternité et de la chambre mortuaire du Centre Hospitalier.
J'ai pu y participer en tant qu'agent de première ligne sur l'accueil et la crémation de ces tous petits...

La réunion avait pour but d'harmoniser la procédure et de réfléchir sur la transmission de l'information communiquée aux parents concernant le devenir du fœtus.

En effet, le constat fait par le personnel hospitalier est clair. Lors de la perte d'un fœtus, les parents, surchargés émotionnellement, ne retiennent pas les informations qui leur sont transmises et cela peut les plonger par la suite dans une phase où les questionnements peuvent être importants.
Il est fréquent que, des mois après, ils se rapprochent de l'hôpital pour savoir ce qu'est devenu leur bébé et quand a eu lieu la crémation...

La réglementation est claire au sujet des enfants nés sans vie :
-la famille peut organiser des obsèques
-sinon, elle confie le corps à l'établissement de soins qui effectuera une crémation, anonyme et collective sans possibilité de récupérer ni le corps ni les cendres du fœtus qui sont dispersées au jardin du souvenir du crématorium.
-la famille peut dans tous les cas et sans délai faire le choix d'inscrire l'enfant sur le livret de famille, en lui donnant un prénom et un nom.

La réunion d'aujourd'hui est partie d'un épisode où une maman ayant choisi de confier le corps de son bébé né sans vie à l'hôpital a demandé, huit mois après que le nom de son enfant soit inscrit sur le registre des dispersions du jardin du souvenir.

Les crémations étant pour nous anonymes, nous ne connaissons pas l'identité des fœtus. Ils arrivent avec un numéro de code...et donc leur nom n'est pas mentionné au registre des dispersions.
Dès lors qu'ils sont confiés à l'établissement de soins, ils prennent le statut de pièces anatomiques d'origine humaine.
Les fœtus, bien séparés des autres pièces anatomiques (membres amputés, etc...) sont donc déposés dans des boîtes individuelles puis regroupés dans une grande boîte, que nous prenons en charge dès que la chambre mortuaire sollicite une crémation.

La réunion est productive, les débats intéressants. Nous sommes nombreux et les idées et réflexions de chacun nous permettent d'établir une marche à suivre pertinente et surtout plus performante :

-création d'un espace de dispersion dédié aux tous petits
-réalisation d'une plaquette informative à destination des parents sur le devenir des enfants nés sans vie
-création d'un registre spécial pour les pièces anatomiques où nous renseignerons le numéro de la boîte pour en assurer une meilleure traçabilité dans l'hypothèse où des parents souhaitent connaître à posteriori la date de la crémation de leur enfant.
-amélioration de la formulation sur le document contractuel signé par les parents

J'aime ces remises en question, ces réflexions pour une amélioration du service rendu, ne pas rester sur ce qui existe et qui se fait, chercher toujours le meilleur, le plus juste... C'est très stimulant !

Parce que notre principale préoccupation, que nous soyons agent de la territoriale ou de l'hospitalier reste d'offrir le meilleur des accompagnements possibles pour tous ceux qui un jour, en ont besoin...

Le planning se remplit pour la semaine prochaine...
Avec les travaux de fumisterie, nous n'aurons qu'un seul appareil en fonction.
L'autre se verra remettre à neuf avec, entre autres la réfection de la sole. Maintenance indispensable passé un certain nombre de crémations sur l'appareil, ce sont dix jours d'immobilisation, moins de créneaux pour les opérateurs funéraires...et un potentiel allongement des délais qui nécessitera la délivrance de dérogations préfectorales.

Mais ce n'est pas cela qui me préoccupe le plus. Cela fait partie du protocole d'entretien des appareils et nous y sommes contraints.
Non ce qui m'interpelle quand j'observe le planning ce sont ces deux jeunes hommes dont les crémations sont prévues mardi matin. 39 et 40 ans.
Nous sommes officiants pour les cérémonies. Mon collègue n'a pas d'informations de son côté.
Il faut dire que nous ne sommes pas tenus d'en avoir, si ce n'est le numéro de téléphone de la personne qui pourvoit aux funérailles pour la contacter et le lien qui l'unit au défunt.
Mais parfois, avoir quelques informations qui nous permettent de contextualiser le décès nous aide dans notre approche et notre organisation de cérémonie.

C'est le cas ici pour la cérémonie sur laquelle je vais officier. Ce jeune homme a choisi de mettre fin à sa vie dans un contexte familial et social perturbé.
C'est son papa qui pourvoit aux obsèques, ils vivaient ensemble. Sa mère est décédée il y a tout juste un an.

Ces informations me sont communiquées par l'opérateur funéraire.
Bien évidemment elles vont m'être très utiles lors de ma prise de

contact. Je me prépare à échanger avec un papa perdu, décontenancé...

Avec l'avis de l'opérateur funéraire, je décide de ne l'appeler que la veille de la cérémonie pour en discuter. À ce jour, le corps de son fils est encore à l'institut médico-légal, et parler de la cérémonie d'au revoir est peut-être un peu prématuré...

Il y a un moment pour tout. Le moment d'échanger et de nous rencontrer viendra bien assez tôt...

« Ce que la chenille appelle la mort, le papillon l'appelle renaissance... » Violette Lebon

J'arrive à 7h à l'hôtel de ville. Je ne suis pas la première, il y a une dizaine de secrétaires avant moi.

Chacune (je ne vois que des femmes) nous récupérons notre valise diplomatique et notre cabas en jute qui contient le téléphone et les clés du bureau de vote.

Je regagne ma voiture stationnée illégalement au bord d'une rue limitrophe (la Police fait preuve de compassion les jours d'élections) et dix minutes plus tard j'ouvre la porte de l'école élémentaire Jacques Prévert, notre bureau de vote.

Au bout de trois dimanches, je le connais presque par cœur. J'installe le matériel et je prépare la table de vote. La table de décharge (celle sur laquelle sont posés bulletins et enveloppes) a été préparée hier par les collègues du service élections.

J'accueille mon binôme Aurélia, une collègue du service culture. Nous ne nous connaissons pas mais je l'avais contactée dans la semaine pour me présenter et pour savoir si elle avait des préférences pour l'organisation de la journée.

Nous sommes tenues d'être présentes toutes les deux au bureau de vote de 7h45 à 9h puis à partir de 17h. De 9h à 17h, on se partage la journée. Je resterai donc le matin et Aurélia l'après-midi.

La journée se déroule tranquillement sans problème majeur. Lorsque je reviens à 17h, nous faisons un point avec Aurélia sur l'organisation du dépouillement. Nous ferons trois tables, et cela tombe bien car nous avons nos douze scrutateurs.

À 18h notre Président clôt le scrutin.

Comptage des émargements, comptage des enveloppes. Tout correspond.

Préparation des enveloppes de centaine. Signature. Répartition.
C'est parti pour une bonne demi-heure de dépouillement.

Durant ce temps, nous surveillons, rangeons et comptons au fur et à mesure...

Nous terminons vers 19h la rédaction du procès-verbal. Le Président proclame et affiche les résultats et nous fermons le bureau presque soulagés de ne pas y revenir tout de suite !

Je quitte Aurélia et me rends avec le Président à l'Hôtel de Ville pour vérification et centralisation des résultats.

Nous ne sommes pas les derniers !!!
Ouf !!!
Rien de particulier à signaler, tout est ok. Je salue le Président et je pars déposer les valises à l'hôtel administratif. Il est 19h50 quand je regagne ma voiture, cette fois garée en toute légalité.

En arrivant chez moi j'hésite mais je craque. Je consulte les premiers résultats nationaux... Quelle surprise !
Je n'en dirai pas plus...

<h1 align="center">LUNDI 8 JUILLET 2024</h1>

10h30. Je compose le numéro et tombe sur le répondeur. Je laisse un message.

11h30. Je loupe son appel, je suis en cérémonie.

14h30. Nous parvenons à nous avoir.
J'ai au téléphone un papa qui est dans l'incompréhension. Il ne sait pas ce qui est passé par la tête de son fils. Il a retrouvé des CD et des DVD dans sa voiture. Il pense que ça pourrait être bien. Que s'ils étaient dans la voiture, c'est que ça devait lui plaire.

Gérard prendra la parole mais après il ne sait pas trop. Son fils aimait la cuisine, c'était son métier. Puis il me demande s'il peut venir me voir, pour que l'on voit tout ça.
Je sens que c'est important pour lui de venir ici, je lui donne donc rendez-vous un petit peu plus tard dans l'après-midi.

16h30. Je sors de cérémonie, je l'aperçois dans la salle d'accueil. Lorsque je m'approche il me sourit et me serre la main.
Je l'invite au bureau.

De sa sacoche il sort les CD et les DVD : Bernard Lavilliers et Johnny Hallyday. Il me demande quelles chansons, selon moi, seraient opportunes. Je lis la jaquette du CD de Bernard Lavilliers, et mes yeux s'arrêtent sur « Les feuilles mortes », mais je ne dis rien. Je lève les yeux vers lui et il me dit « Sur celui-ci j'avais pensé "Les feuilles mortes" ».
Nous avons eu la même pensée... puis il me parle également de « Fleur pourpre ».
Nous l'écoutons ensemble, nous lisons les paroles et nous trouvons qu'elle serait adaptée pour la cérémonie, elle parle de souffrance...
Nous regardons ensuite les CD de Johnny Hallyday et il me dit que

son fils l'a vu en concert, que c'est sa mère qui lui a fait découvrir cet artiste. Il me parle de la chanson que Johnny a écrite avec son fils, « Sang pour sang » et me dit qu'il aimerait bien celle-ci. Il choisit également « Diego », en live pour le dernier geste puis « Ceux qui parlent aux étoiles ».

Il ne comprend pas, il me dit qu'il n'a pas trouvé de mot pour expliquer son geste... Il l'aimait son fils. Mais ça ne suffit pas. Est-ce une copine, le travail ? Il ne sait pas car il ne s'immisçait pas dans la vie de son fils... Il respectait trop sa sphère privée bien qu'ils vivaient ensemble.

Il pense qu'il y aura un peu de monde à la cérémonie, et des fleurs. Il va voir s'il écrit un mot mais rien ne vient. Il voudra assister à la visualisation de l'introduction du cercueil dans l'appareil de crémation. C'est important.

Je lui fais visiter le bâtiment, la salle de cérémonie notamment. Il est rassuré.
Il angoissait un peu de ne pas savoir comment ça allait se passer.
Il trouve ça très bien d'être venu me voir, de m'avoir rencontrée et d'avoir pu voir tous les détails de la cérémonie.

Il trouve que les musiques sont bien choisies. Il me dit que la cuisine de son fils va lui manquer, qu'il cuisinait très bien, surtout les desserts. Mais il ne comprend pas pourquoi il a fait ça... Il n'a plus personne à présent. Son épouse l'année dernière et son fils maintenant. Il n'avait qu'eux...

Je l'observe et je suis en empathie avec cet homme et sa souffrance.
Je ne peux l'imaginer mais je sens et ressens sa détresse...
Et, au milieu de sa pensée désorganisée il me dit « Il faut faire quelque chose de bien pour le gamin. »

Cette parole me percute. C'est évident mais elle me remue.

Je m'en fais un point d'honneur. Nous ferons quelque chose de bien. Il ne peut pas en être autrement en de telles circonstances.

Je prends, à ce moment-là, la pleine mesure de ce qui m'attend. Accompagner le père d'un jeune homme qui a choisi d'arrêter de vivre. Mais aussi, rendre hommage à la vie de ce jeune homme qui a choisi sa fin...

MARDI 9 JUILLET 2024

Je l'aperçois à l'extérieur, avec sa veste en cuir. Tout le monde le salue.

Je m'approche et il vient à ma rencontre. Il me dit qu'il a posé un mot sur le bureau, il aimerait que je le lise. Il me conseille de le récrire car il est mal écrit. Ça lui est venu cette nuit, comme ça...

Ils sont environ 80 à être présents pour lui rendre hommage. Ses amis ont signé sur une photo que je dépose sur le cercueil. Il sourit et semble heureux...

Durant toute la cérémonie j'observe ce papa. Parfois fort et parfois effondré. Il regarde le cercueil de son fils. Je n'ose imaginer ses pensées...

Une dame à ses côtés lui tient la main, j'espère que sa présence perdurera dans le temps, car si les cérémonies sont souvent des moments très durs, l'après obsèques est très difficile également... Le silence, le vide, le retour à la vie, l'absence... La terrible et si bruyante absence...

La cérémonie est chargée d'émotion.

Nous sommes dans l'instant, dans l'ici et le maintenant, auprès du cercueil de Jordane. Le temps n'existe plus, il s'est arrêté.

Gérard, un ami du papa partage un poème. J'en lirai deux autres, un que je dédie au papa et un porté sur l'espérance... L'espérance de savoir Jordane enfin en paix, auprès de sa mère... Je termine par la lecture du mot du papa.

Le dernier geste, sur le live de Johnny me fait frissonner. Je regarde mes pieds lorsque le papa s'approche et embrasse le cercueil, en larmes...

Le moment du départ sera encore plus poignant.

Je le vois pleurer, s'approcher, attraper le cercueil, se coucher dessus et prononcer ces mots empreints de souffrance « Mais moi je t'aimais... Adieu mon fils. »

Je fais un métier particulier, je le sais. Il faut avoir les nerfs solides pour ne pas sombrer. Il ne faut pas avoir peur de côtoyer la souffrance des gens, et d'accueillir leur peine inconsolable. Le chagrin, la douleur, l'injustice, sont mon quotidien mais de l'autre côté de la pièce mon quotidien est aussi fait d'humanité, de rencontres éphémères mais intenses, de leçons de vie et surtout de gratitude...

« Je voulais vous remercier. C'était très bien, c'était ce que je voulais... Je vous félicite.

Je lui adresse un regard bienveillant et lui remets les CD et les DVD.

— Ils n'auront plus la même signification à présent...
— Oui, c'est certain... Et Sang pour Sang, celle-là, elle est...
Je les écouterai, le soir, chez moi... »

L'eau par terre, le bruit, la scie, la meuleuse, la benne, la poussière, les fils partout, la musique, la fumée de cigarette, les petites briques, les grandes briques, la brouette, les clés, la règle de deux mètres, la promiscuité, le café qui se vide deux fois plus vite, le ciment, l'isolant, les gravats, le marteau, le projecteur, la précision, la collaboration, l'adaptation, les vêtements en vrac, les bouteilles d'eau, et deux fumistes.

Notre quotidien pour une dizaine de jours.

Heureusement ils sont sympathiques et très professionnels. Ils interviennent dans le cadre des travaux prévus au contrat de maintenance pour nos appareils.
Ils nous refont un appareil complet.
Autant dire un sacré chantier.

Nous partageons nos journées avec eux. Ils s'adaptent à nos cérémonies pour ne pas faire de bruit, nous nous adaptons à leurs engins et conditions de travail plus que pénibles...

Je vous disais hier que j'avais un travail particulier. Mais eux aussi en fait.
D'ailleurs qui sait ce qu'est vraiment un fumiste ?
Ces maçons de la crémation, qui par leur expertise conçoivent l'intérieur des appareils avec tous les paramètres inhérents au bon déroulement « technique » d'une crémation.
Ils passent leur temps accroupis dans les appareils, à la lumière de leur projo, au son de leur Bose, au goût de cette poussière si particulière...
Ils cassent, détruisent et reconstruisent.
Et tout ça avec le sourire !

C'est précieux les fumistes, il n'y en a pas beaucoup. Quand ils ne sont pas dans les fours, ils sont sur la route. Ils se déplacent partout en France et à l'étranger.

J'avais beaucoup appris lors de leur précédente intervention en janvier sur notre autre appareil. J'ai vu les coulisses.

Le monde du funéraire est vaste, il n'y a pas que les salariés de pompes funèbres et des crématoriums...

Je pense au personnel des chambres mortuaires, aux thanatopracteurs, aux agents municipaux qui gèrent et entretiennent les cimetières, aux marbriers, aux fabricants de cercueils et d'urnes, aux fleuristes, aux médecins légistes et leurs assistants, aux divers sous-traitants, aux fabricants d'appareils de crémation, à ceux qui en assurent la maintenance et aux fumistes !

Sans oublier tous ceux que j'ai pu oublier de citer...

Car tous ces métiers de l'ombre sont fondamentaux et trop souvent méconnus !

Alors aujourd'hui, je tenais à les honorer et à les remercier car ils sont des maillons de notre chaîne humaine pour le funéraire, à part entière...

Je la reconnais tout de suite quand elle arrive.
Ses yeux. Ils sont magnifiques et sur la photo d'elle et de sa maman qu'elle m'avait envoyée je les avais déjà remarqués...

Elle est avec sa grand-mère.

Entre ces deux générations, c'est Odile, qui nous réunit aujourd'hui.

La cérémonie est intime, ils sont six. C'est un joli moment. Aurélia a préparé des chansons et une vidéo. Et un texte, que je dois lire. Renée sa grand-mère, a couché quelques mots également pour sa fille. Je lui prête ma voix car du haut de ses 96 ans, l'exercice est trop douloureux...

Je ne saurai dire pourquoi, mais il se créé parfois des belles choses avec les familles...
Lorsque j'ai contacté Aurélia pour la préparation de cérémonie, elle pleurait... Elle m'a raconté une partie de sa vie et au fond de moi je l'ai trouvée extrêmement courageuse... Elle s'occupait de sa mère et de sa grand-mère, par amour. Toutes les trois étaient si liées... Si fusionnelles...

C'en est aussi beau que leur peine est immense aujourd'hui...
Aurélia me touche, m'émeut... Durant cette cérémonie j'ai l'impression de faire un peu partie de leur famille. Renée ne m'entend pas, j'essaie de parler fort et même avec le micro mes efforts sont vains. On en rit.

Et ce que je trouve merveilleux dans mon métier, ce sont ces moments. Ces connexions qui se font, cette spontanéité, ces aléas parfois... Faire de son mieux. Être vrai, et surtout être pleinement présent...

Regarder les gens dans les yeux, accueillir leur chagrin, et même rire avec eux alors qu'on ne se le serait jamais permis.

Odile riait beaucoup alors finalement, je me dis que c'est un beau clin d'œil de rire devant son cercueil. Rire malgré la tristesse et le vide abyssal qui va naître dans la vie de Renée et Aurélia.
Quelques secondes de légèreté...

Si j'ai pu au moins leur apporter cela, ma mission est pleinement accomplie.

J'en aurai la confirmation en consultant ma boîte mail en fin de journée.
« Merci infiniment de votre accompagnement, votre professionnalisme et votre sensibilité qui ont permis de rendre un bel hommage à ma maman. Merci pour votre empathie et bravo pour ce que vous faites pour les familles. Je vous respecte. Aurélia. »

Faire un autre métier ? Même pas en rêve.
Je les respecte trop ces familles en deuil.

VENDREDI 12 JUILLET 2024

Deux crémations au planning aujourd'hui.
J'avais convenu avec mon collègue de m'occuper des extérieurs.
Cela faisait un petit moment que je n'étais pas allée chatouiller toutes ces âmes environnantes.

C'est super car j'ai toute la journée devant moi. Je peux voir grand.
Je désherbe les espaces de dispersion, je nettoie l'arbre des souvenirs, je trie les fleurs fanées, je recompose des compositions, je vide les poubelles, je passe le rotofil, je me lève, me penche, m'accroupis, me relève. Parfois je m'agenouille aussi.

J'ai chaud, je suis rouge, mes bras aussi et mes bouts de doigts sont anesthésiés mais quelle satisfaction de voir ces espaces beaux, fleuris et soignés !

Hélas nous manquons souvent de temps pour être au top dans notre entretien extérieur. C'est pourquoi, dès que l'occasion s'y prête on s'y démène. Car si cela nous fait plaisir de voir les extérieurs tout propres, j'imagine que cela doit aussi faire plaisir aux familles qui viennent s'y recueillir...

Et la satisfaction des usagers, c'est notre raison de nous lever (ou de nous agenouiller !)

LUNDI 15 JUILLET 2024

Nous étions avertis. Il n'y aurait pas de cérémonie mais l'épouse et le fils du défunt souhaitaient assister à la visualisation de l'introduction du cercueil dans l'appareil de crémation.

Ils sont arrivés environ quinze minutes avant l'heure de mise à la flamme.
Elle ne parle pas français, je ne parle pas anglais, le plus grand regret de ma vie...
Heureusement, le fils est bilingue.

Elle porte un verre de whisky. Certainement un grand cru car à presque 9h du matin l'odeur est agréable. Lui porte la tenue traditionnelle avec une grande classe, le kilt.
Ils sont écossais.

L'épouse est très affectée... Elle pleure tout en serrant son verre de whisky qu'elle tient dans son mouchoir.
Lorsqu'elle voit le cercueil à travers l'écran, elle le touche, caresse la télé...

Son fils l'invite à s'asseoir et me donne l'autorisation pour lancer la crémation. Ils retiennent leur respiration pendant toute l'introduction puis, lorsque la porte se referme, elle explose en sanglots...
Je les laisse dans leur intimité...
Ce moment leur appartient.

L'odeur du whisky embaume la pièce.

L'urne est une jolie boîte en bois, qui devait avoir un usage tout autre par le passé.

Je discute peu avec eux, l'émotion est trop intense, et la barrière linguistique ne nous aide pas, mais je perçois leur attachement à une certaine symbolique, à leur rite à eux...

Ils me touchent. Et souvent les anglais, les écossais, les irlandais sont touchants.
Leur rituel d'hommage est très épuré, très simple, mais tellement vrai et sincère...

Rien de trop, juste ce qu'il leur faut...

J'apprécie découvrir d'autres cultures et leurs rites funéraires, ce sont d'autres rapports à la mort, à la vie... C'est très enrichissant et cela nous questionne sur notre propre position par rapport à tout ça...la place que l'on accorde au défunt, au chagrin...

« De tous temps, de tous âges, de toutes conditions et religions, les hommes ont accompli des rites pour célébrer les différents moments de leur existence, qu'ils soient heureux (naissance, anniversaire, mariage) ou malheureux (mort). » Auteur anonyme

MARDI 16 JUILLET 2024

L'information.

Assurer sa transmission. Lutter contre la désinformation.
C'est aussi ça mon métier.

Expliquer, rassurer, tempérer.

Lorsque ce jeune homme m'appelle pour me demander comment faire pour payer car il ne veut pas que son père aille en fosse commune, je me dis qu'il y a eu un raté quelque part... La fosse commune n'existe plus...

Il me situe le contexte. Son père est décédé fin janvier. Sa crémation a eu lieu le 31. Avec sa mère, au moment du décès ils n'étaient pas décidés sur le devenir des cendres et voulaient s'accorder un temps de réflexion. Ils ont choisi de laisser l'urne en attente au crématorium comme la loi le permet.
Chez nous, les six premiers mois sont gratuits et la facturation pour les six mois suivants s'élève à 39€.

Ce jeune homme m'explique qu'il était prévu qu'avec sa mère ils récupèrent l'urne et qu'ils dispersent les cendres cette fin de semaine.

C'était sans compter sur les manifestations au sujet des mégabassines. Ils souhaitent faire ça tranquillement avec le plus de sérénité possible. Ils préfèrent donc reporter.

Je le rassure, en lui expliquant qu'ils ont, avec sa maman jusqu'au 31 janvier 2025 pour prendre leur décision, et que quand bien même si le 31 janvier 2025 l'urne n'a pas été récupérée nous ne la mettrons pas négligemment en fosse commune.

La loi encadre très clairement le devenir de ces défunts non réclamés au bout d'un an.
Leurs cendres sont dispersées au jardin du souvenir. Et avant cela, la famille est notifiée du délai qui arrive à échéance.

Ce jeune homme semble rassuré. J'ai tué son mythe de la fosse commune. Et en plus je lui garantis le respect dû aux cendres, la décence et la dignité, même pour ceux qui n'ont plus personne pour penser à eux...

MERCREDI 17 JUILLET 2024

Fin de chantier. Daniel, le fumiste décoffre le seuil qu'il a coulé hier, nettoie et range son matériel.

Nous faisons ensemble la « réception des travaux », sorte d'inspection du travail réalisé.

C'était un sacré chantier mais ils se sont montrés efficaces et bien organisés.

Nous testons le ringard sur la sole. Pas d'accroche. Nous vérifions les hauteurs, le niveau, tout est bon.

Nous signons le procès-verbal de réception de travaux et Daniel donne le feu vert au technicien pour la remise en route de l'appareil : séchage et préchauffage.

Il faut compter environ 24h pour l'opération.

En effet, l'appareil se réchauffe doucement pour éviter les chocs thermiques. Il y a trois paliers de plusieurs heures chacun pour la montée progressive en température.

Nous pourrons donc reprendre les crémations sur cet appareil demain après-midi.

C'est un grand moment à chaque fois la reprise des crémations. Pressant et en même temps un peu stressant. Nous redoublons de vigilance pour surveiller le comportement de l'appareil, pour vérifier les données et pour observer...

Daniel repart en fin de matinée, chez lui pour la fin de la semaine avant de rattaquer un autre chantier la semaine prochaine sur un appareil de crémation pour animaux.

L'entreprise qui fabrique les appareils est leader dans le domaine de la crémation et de l'incinération. Face à ma curiosité, Daniel m'explique que pour les animaux, le principe de fonctionnement est similaire aux appareils pour humains, mais qu'ils sont beaucoup plus petits et que cela rend son travail plus complexe voire carrément acrobatique.

C'est intéressant tous ces échanges, j'apprends beaucoup. Car finalement c'est vrai, qui peut se targuer d'avoir converser avec un pro des appareils de crémation ? Ce n'est pas le genre de personne que l'on rencontre à tous les coins de rue... On les croise sur la route ou dans les crématoriums.
Mais si un jour vous rencontrez un fumiste, demandez-lui de vous parler de son métier, il mérite d'être connu, et reconnu !

A deux agents pour gérer le quotidien au crématorium, le maître mot c'est « organisation ».

Une journée comme aujourd'hui, le planning est millimétré. Cérémonies, crémations, remises d'urnes, dispersions… Nous n'avons pas une minute. Tout s'enchaîne, toutes les quinze minutes. Sur tous les fronts.
Fort heureusement, toutes les journées ne sont pas aussi chargées.

Mais il faut tout de même reconnaître qu'il y a un côté stimulant devant toute cette activité.
La nécessité d'être hyper vigilant, l'attitude « poker face » (que rien ne transparaisse, ni notre stress, ni notre sueur), et faire preuve d'une grande disponibilité pour les usagers malgré le temps qui semble nous échapper…

C'est un défi pas toujours facile à relever. Je m'aperçois que dans notre travail il faut savoir plus que tout anticiper pour ne pas se retrouver pris au dépourvu.
Il nous faut écouter, observer et ressentir pour avoir une attitude juste et pertinente.

Nous ne pouvons pas tout maîtriser, et lorsque la famille arrive avec 45 minutes de retard pour la remise d'urne, il faut s'adapter. Vous soufflez un bon coup et vous les accueillez avec la même bienveillance que s'ils étaient à l'heure. Car ils ne savent pas que vous n'êtes que deux, que votre journée est millimétrée et que vous avez à ce moment-là un décendrage à faire pour la prochaine remise d'urne.

Ils viennent, récupérer les cendres de leur proche, encaisser la transformation et prendre conscience du nouveau rapport qu'ils vont à présent établir avec leur défunt.
Cela ne peut pas s'accorder à une pendule. Nous le savons que trop bien.

Mais nous ne pouvons hélas faire autrement qu'avec le temps. Heureusement, nous arrivons toujours à jongler avec lui pour préserver les familles des contraintes qu'il occasionne…

« Sur la grande horloge du temps, on ne lit qu'un seul mot : maintenant. » Edward Everett

C'était LA nouvelle de ces derniers jours. Nous en entendions parler depuis un moment mais le décret est officiellement paru le 10 juillet dernier. Il a fait couler un peu de salive et c'est bien car c'est rare les évolutions en législation funéraire…

« Le décret vient modifier les délais d'inhumation et de crémation, afin de remédier à l'augmentation croissante des demandes de dérogation à ces délais, déposées auprès des préfectures, fondées tant sur des causes conjoncturelles, comme des épisodes de surmortalité constatés à certaines périodes, que des causes structurelles, telles que l'accroissement des demandes de crémation auxquelles les crématoriums ne peuvent pas toujours faire face. L'allongement de ces délais opère ainsi un équilibre entre les préoccupations de santé publique imposant de pourvoir aux funérailles des défunts dans un délai raisonnable et la nécessité de rendre aux demandes de dérogation leur caractère exceptionnel.
Le décret réécrit le régime des autorisations de transport de corps pour un parfait alignement rédactionnel avec les dispositions modifiées en matière de délais d'inhumation et de crémation. Le régime des autorisations de transport de corps en lui-même n'est pour autant pas modifié. Le décret permet également l'utilisation d'autres procédés que la gravure sur les plaques de cercueil.
Il propose en outre une mesure d'actualisation des dispositions du code général des collectivités territoriales relatives aux scellés apposés sur les cercueils, afin de ne pas limiter les possibilités de scellement aux seuls cachets de cire.
Le décret complète aussi les fondements juridiques des compétences du préfet de police de Paris en matière d'autorisation de dérogation au délai d'inhumation et de crémation.

Enfin, il rectifie une référence à un article du code général des collectivités territoriales dans le décret n° 2015-1459 du 10 novembre 2015. »[14]

L'allongement des délais pour les inhumations ou les crémations et une clarification sur la composition des scellés funéraires. De quoi nous intéresser dans notre quotidien.
Fini les calculs au doigt posé sur le calendrier pour savoir s'il y a un dimanche ou un férié entre le décès et les obsèques et à nous les jolies pastilles collantes en guise de scellés !
Même si la pratique était déjà répandue, il n'y aura plus aucune ambiguïté sur la tolérance ou non de ces pastilles collantes.

Je suis presque un peu nostalgique car les scellés en cire avaient une certaine classe (du moins quand ils étaient correctement apposés). J'espère que nous continuerons d'en voir, même si je pense qu'avec cette nouvelle réglementation les pastilles vont se généraliser.

Quant aux délais, cela va simplifier les démarches des opérateurs funéraires et alléger un peu les préfectures qui pour certaines étaient rendues à délivrer de façon presque systématique des dérogations censées être délivrées à titre exceptionnel.

Mais quand nous y pensons, quatorze jours, c'est quand même beaucoup… Les familles risquent de trouver ces deux semaines éprouvantes moralement et les thanatopracteurs vont avoir des défis à relever pour stabiliser certains corps aussi longtemps !
Quatorze jours… c'est aussi la durée de mes vacances qui commencent ce soir alors j'aime me dire que quatorze jours, même si ça passe souvent vite, parfois ça peut être long…

---

[14] Source: https://www.legifrance.gouv.fr/loda/id/LEGIARTI000049939289/2024-07-12/

Le blues du dimanche soir je ne connais pas. Et le blues de la fin des vacances non plus.

Aussi c'est avec une grande joie et de l'excitation que j'arrive au crématorium ce matin après deux semaines d'absence pour congés annuels d'été.

Je suis la première à embaucher. En marchant dans le couloir et en me dirigeant vers mon vestiaire, un sourire se dessine sur mon visage. Je suis contente d'être là.

Je pose mes affaires, me change et je prends connaissance du planning. Plutôt calme aujourd'hui, avec quatre crémations.
Je consulte ma messagerie, quelques mails reçus qui vont m'occuper une partie de la journée. J'ai une cérémonie à préparer pour mercredi, une autre pour jeudi et surtout j'attends impatiemment mes collègues pour savoir quels ont été les événements marquants des deux semaines qui viennent de s'écouler.

Comme je suis déçue lorsqu'ils m'informent qu'il ne s'est rien passé d'exceptionnel, de grandement mémorable...
Je me console en me disant que finalement, c'est aussi bien. Je n'espérais bien évidemment pas quelque événement tragique mais une anecdote où une situation qui nous aurait poussés à la réflexion, à l'échange...

Ma déception est vite balayée lorsque notre responsable arrive pour nous parler du projet au sujet des enfants nés sans vie.
Création d'un espace de dispersion dédié aux tout petits, avec une structure qui rappelle les cabanes de notre enfance, imaginée par le bureau d'études.

Voilà qui nous met en éveil et qui va nous faire saliver un moment. Un beau projet pour apporter douceur et réconfort au milieu d'un chagrin inconsolable...

Tous mes neurones se sont reconnectés. Je suis de nouveau prête et disponible pour répondre à la plus belle des missions : accompagner. Je sens la flamme en moi...

Je sais... Je suis hyper chanceuse et je m'en rends compte.

Et si aujourd'hui je vous parlais de l'impact environnemental des obsèques ?

Nous entendons souvent que finalement une crémation, ce n'est pas si écolo que ça avec le gaz, qu'il vaut mieux l'inhumation.
Et les cercueils en carton, est-ce une fumisterie ?
Comment démêler le vrai du faux ?

Les services funéraires de la ville de Paris ont tenu à développer un axe de recherche sur ce sujet et, dans ce cadre ils ont fait réaliser une étude inédite dressant un état des lieux de l'impact environnemental des différents rites funéraires. C'est à ce jour, la seule étude aussi complète sur le sujet[15].

Elle est disponible en intégralité sur le site de la Fondation des Services Funéraires de la Ville de Paris[16], mais je vais tenter de vous en faire une synthèse.

<u>La crémation :</u>
-le gaz est le premier poste d'émissions de gaz à effet de serre d'une crémation à hauteur de 56%. Le cercueil représente lui 12% des émissions.
En moyenne pour une crémation, 42m3 de gaz sont consommés.

-en termes d'émissions de gaz à effet de serre, une crémation revient à parcourir 1 124 kilomètres en voiture ou 72 677 kilomètres en train.

---

[15] Depuis, une autre étude est sortie : https://csnaf.fr/wp-content/uploads/2024/10/CSNAF-Comprendre-lempreite-carbone-des-rites-funeraires-en-France-EtudeComplete.pdf
[16]

https://www.funeralnatural.net/sites/default/files/articulo/archivo/inhumation_cremation_sfvp.pdf

L'inhumation :

-en prenant en compte la moyenne des émissions de gaz à effet de serre entre les inhumations en pleine terre et celles en caveau, le lieu de sépulture représente 88% des émissions.

-une inhumation revient à parcourir 4 023 kilomètres en voiture ou 260 209 kilomètres en train.

Ainsi une inhumation équivaut à 3,6 crémations... Mais attention il s'agit d'une moyenne... Par exemple une inhumation en pleine terre sans monument aura un impact écologique un peu inférieur à celui de la crémation. Par contre, une inhumation en caveau avec pose d'un monument importé d'Asie équivaut à plus de 5 crémations !

Il faut savoir que sur des gammes de monuments standards, 4 monuments sur 5 sont importés. Ils parcourent environ 20 000 kilomètres et l'impact engendré par leur transport est énorme.

Les cercueils :

-contrairement aux idées reçues, une crémation avec un cercueil en carton génère plus de CO_2 qu'une crémation avec un cercueil en bois. En effet l'apport calorifique d'un cercueil en bois est très important et permet de limiter la consommation de gaz.

-les cercueils en bois vendus en France sont fabriqués avec du bois à 90% en provenance de France et à 10% en provenance de l'Europe, tandis qu'un cercueil en carton peut être importé d'Asie et aura donc un impact environnemental beaucoup plus important.

Quelles seraient donc les solutions pour réduire l'impact environnemental des obsèques ?
Voici quelques pistes suggérées dans l'étude :
- diminution du poids des cercueils,
- réduction des quantités de vernis et de teintes,

- diminution du poids des monuments, et façonnage avec du granit français,
- récupération de la chaleur dans les crématoriums,
- réutilisation des caveaux existants,
- augmentation des espaces végétalisés dans les cimetières, etc...

« Il est possible d'imaginer à l'avenir des moyens mis à disposition des familles pour les guider dans leur choix, qui ne seront plus basés uniquement sur des critères économiques et culturels mais également sociaux et environnementaux. » [17]

Je crois qu'il s'agit là d'une très belle proposition de réflexion. Il me paraît aujourd'hui important de pouvoir communiquer ces données car cela pourrait guider, modifier ou conforter certains choix. Cela permettrait une réflexion commune qui aurait toute sa place dans notre société à l'heure où de plus en plus de personnes s'orientent vers la crémation et où nos cimetières arrivent à saturation...

---

[17]

https://www.funeralnatural.net/sites/default/files/articulo/archivo/inhumation_cremation_sfvp.pdf

La voir dans les locaux nous donne de l'espoir.
Elle est là depuis hier. Elle passe dans chaque pièce, observe, mesure, note...
D'une discrétion exemplaire, elle inventorie tout ce qui sera susceptible d'être réutilisé/recyclé ou au contraire devant être détruit lors du démantèlement du crématorium.

Sa tâche est minutieuse, tout est référencé, jusqu'à la moindre chaise, le moindre banc...
Nous avons de l'espoir car sa démarche traduit une avancée dans le projet du nouveau crématorium. Même si la première pierre est encore loin, c'est toujours un premier pas.

Et bien que nous attendons avec impatience ce nouveau crématorium, nous savons que quitter l'actuel sera très dur, car malgré ses nombreux défauts, nous y tenons. Et surtout nous tenons à son histoire...

Romane effectue ce que l'on appelle un diagnostic PEMD: Produits, équipements, matériaux et déchets.
Ce diagnostic est *« l'étape clé d'une bonne stratégie de valorisation des produits, équipements et matériaux issus d'opérations de démolition ou de rénovation significative. Il a notamment pour objectif de favoriser et renforcer la mise en place de démarches d'économie circulaire dans le bâtiment en donnant la priorité au réemploi. L'objectif est de promouvoir la durabilité et la gestion responsable des ressources, la réduction des déchets émis par le secteur du bâtiment en incitant au réemploi et à la réutilisation. Le diagnostic « PEMD » devient donc un outil essentiel pour quantifier et qualifier les gisements disponibles et les mettre en visibilité. »* [18]

---

[18] Source: https://www.ecologie.gouv.fr/politiques-publiques/diagnostic-produits-equipements-materiaux-dechets-pemd

C'est une obligation dans un tel projet. Nous sommes donc sur une intervention purement réglementaire pour débloquer la suite du dispositif. Cela nous réjouit.

Je vous parlais hier de l'impact environnemental des crémations, mais il y a aussi l'énergie nécessaire à la construction /démolition des bâtiments à prendre en compte... Et si une partie de ces matériaux peut être réutilisée, alors pourquoi s'en priver !

Bon, nous avons juste oublié de préciser à Romane que nous souhaiterions récupérer un carreau de carrelage chacun en souvenir... D'autant que, pour la petite anecdote, ce carrelage a été posé par deux de mes oncles aujourd'hui disparus.

La symbolique est d'autant plus forte...

JEUDI 8 AOÛT 2024

C'est une bien, je dirai « drôle » d'histoire qui est arrivée à mon collègue aujourd'hui. Drôle dans le sens « surprenante », pas « hilarante ».

Lorsque la famille se présente pour récupérer l'urne en début d'après-midi, un des membres - à savoir le frère du défunt qui a pourvu aux obsèques - lui signifie qu'il y a une erreur sur l'acte de décès.

En vue de se mettre en relation avec l'opérateur funéraire ou le service de l'état civil, mon collègue demande quelle est l'erreur.
Il fut surpris lorsque le monsieur lui dit que son frère n'a jamais été marié et pourtant sur l'acte est mentionné un divorce.

Il se rapproche donc de l'opérateur funéraire qui lui affirme qu'il n'y a pas d'erreur et que l'acte a été établi à partir des documents fournis. Aucun risque d'erreur sur la personne, il ne s'agit pas d'un potentiel homonyme. Véracité que confirmera également le service de l'état civil.

Charge à mon collègue d'annoncer cela à la famille. Leur défunt n'a probablement pas tout révélé de sa vie !

J'assiste de loin aux échanges, ils sont tous unanimes dans la famille : ce n'est pas possible.

Mon collègue les invite à se rapprocher des services compétents pour mettre à jour ce mystère et peut être découvrir une vérité qu'ils ne s'étaient pas préparés à entendre...
Ils quittent le crématorium chamboulés mais avec reconnaissance.

C'est aussi ça notre métier, assister à certaines révélations, être parfois, malgré nous, dans les secrets de famille, les règlements de compte, les regrets, les remords, les déclarations d'amour...

Les jours se suivent mais ne se ressemblent pas... Cette histoire, mon collègue n'est pas prêt de l'oublier, bien que nous ne sachions pas le fin mot de l'histoire !

Qui a dit que travailler dans un crématorium était ennuyeux et routinier ?
Chaque défunt, chaque famille, c'est une histoire différente, qui se respecte et qui mérite un accompagnement sincère.

En tous points, aujourd'hui mon collègue a honoré sa mission.

VENDREDI 9 AOÛT 2024

Cela fait deux jours que l'on retarde la tâche. Ce n'est pas ce que l'on préfère faire mais pourtant cela relève de nos attributions.

La liste est sur le bureau. Leur nombre est de cinq, mais au total ils sont sept...

Il faut se décider, nous y allons à deux. Je prépare les plans, les tournevis et les clés.
Les opérations s'effectuent en silence.
Ce n'est pas forcément voulu, c'est juste plus fort que nous.
C'est un silence de circonstance. Un silence qui traduit à la fois le respect mais aussi une certaine gêne...
Nous venons les déranger. Nous venons les déloger. Pour seuls bruits, les tournevis qui dévissent, les plaques que nous posons sur notre chariot, et ces noms que nous retirons...

Eux, ce sont des défunts, dont les cendres vont à présent, par nos soins être dispersées au jardin du souvenir.

Conformément à l'article L2223-15 du Code Général des Collectivités Territoriales :
« Les concessions sont accordées moyennant le versement d'un capital dont le montant est fixé par le conseil municipal.
Les concessions temporaires, les concessions trentenaires et les concessions cinquantenaires sont renouvelables au prix du tarif en vigueur au moment du renouvellement.
A défaut du paiement de cette nouvelle redevance, le terrain concédé fait retour à la commune. Il ne peut cependant être repris par elle que deux années révolues après l'expiration de la période pour laquelle le terrain a été concédé.
Dans l'intervalle de ces deux années, les concessionnaires ou leurs ayants cause peuvent user de leur droit de renouvellement. Les

Depuis 2 ans donc, ces défunts étaient en sursis, dans l'attente d'une décision de renouvellement ou d'abandon de leur concession...
La décision a été rendue.
Nous les accompagnons vers ce qui sera cette fois leur ultime lieu de repos : notre jardin du souvenir.

Ensemble, et réunis pour l'éternité...

LUNDI 12 AOÛT 2024

Je suis passionnée par mon travail, par la diversité de ce qu'il implique et par ce qu'il me permet de faire...
Je sens et ressens cette énergie qui foisonne en moi, cette envie, cette joie.

La semaine dernière, un technicien est venu réparer notre système de filtration. Nous discutions et nous avons abordé le sujet "brûlant" des consommations de gaz. Il m'a dit qu'un crématorium du Sud-Ouest détenait le record de la plus faible consommation de gaz au niveau national, grâce à un opérateur qui s'intéresse de très près aux appareils et à l'optimisation de leur fonctionnement.
Je lui demande s'il peut me partager le contact de cet opérateur, ce qu'il fait très gentiment.

Ce matin donc, je décide d'appeler ce crématorium. Mon interlocuteur s'avère être l'opérateur "référent gaz". Je m'assure de sa disponibilité et lui explique la raison de mon appel : un échange autour de ses pratiques et de ses méthodes d'optimisation des consommations.

Il me reçoit avec beaucoup de bienveillance et se montre très à l'écoute. Il me prodigue des conseils et m'offre des pistes de réflexion pour revoir notre consommation, qui selon lui est bien trop élevée.
Il existe deux piliers pour économiser, sans rogner sur la qualité du service rendu aux usagers :
-les réglages de l'appareil
-le planning des crémations

La base.

Notre planning actuel ne lui semble pas des plus efficients. Nos appareils restent trop longtemps en attente, ce qui demande un déclenchement du brûleur à gaz pour les maintenir à température.

Quant aux réglages des appareils, il est nécessaire de se pencher de façon plus approfondie sur chacun des paramètres.
Il me donne quelques éléments à relever, à étudier (calculs et statistiques en vue !) en attendant qu'il puisse éventuellement intervenir pour un audit sur nos consommations.
Je ne doute pas que ma hiérarchie sera favorable à cette intervention qui pourrait nous permettre d'économiser des dizaines de milliers d'euros par an.

Au prix du m3 de gaz, au vu de la tendance inflationniste (prix du m3 multiplié par 3 en 2 ans) et devant l'intérêt singulier que je porte à la compréhension du fonctionnement des appareils, il me paraît évident d'agir ou du moins d'étudier et de réfléchir dans un premier temps, sur les différentes possibilités que nous avons pour faire des économies.

Mon tableau pour relever les indicateurs de consommation est prêt. Cinq, quatre, trois, deux, un... Partez !!!

« Dans un environnement qui change, il n'y a pas de plus grand risque que de rester immobile. » Jacques Chirac

MARDI 13 AOÛT 2024

« Vous direz à la dame que ça va un peu trop vite... »

C'est le message d'une famille que m'a rapporté la maîtresse de cérémonie au sujet de l'introduction du cercueil dans l'appareil de crémation.

Ma réponse fut instantanée. Ce n'est pas moi qui décide mais la loi qui l'impose.

En effet, l'article 5 de l'arrêté du 11 avril 2003 fixant les caractéristiques techniques applicables aux crématoriums et aux appareils de crémation indique que : « *L'espace d'introduction du cercueil dans la chambre de combustion est muni d'un système interdisant tout contact manuel avec le cercueil au cours de cette opération. Ce système d'introduction du cercueil dans l'appareil de crémation assure cette mise en place en moins de vingt secondes.* »

Vingt secondes, nous ne pouvons aller au-delà. Nous sommes régulièrement inspectés pour le contrôle de ces durées. Question de sécurité. Les appareils sont à environ 750/800 degrés, c'est trop dangereux de laisser la porte ouverte plus longtemps.

Vingt secondes donc entre le moment où nous appuyons sur le bouton et le moment où le bras mécanique qui accompagne le cercueil retrouve sa place initiale.

Vingt secondes où chacun retient sa respiration, où les mains se serrent, où les larmes coulent...

C'est si peu vingt secondes... Elle a raison cette famille. Dire au revoir à son défunt va toujours trop vite.

Visualiser cette introduction peut être traumatisant pour certaines personnes. Je l'entends pleinement.

C'est pourquoi nous l'expliquons en amont. C'est important que les personnes puissent s'imaginer ce qui les attend.

Certaines ont besoin d'aller jusque-là, d'autres préféreront rester sur l'image du cercueil quittant la salle de cérémonie.

Il n'y a pas de règle, que du ressenti.

En revanche, bien que le crématorium fût mis en service avant le 24 décembre 1994, nous informons systématiquement les familles de la possibilité qui leur est offerte d'assister à la visualisation de l'introduction du cercueil dans l'appareil de crémation.

Cette possibilité trop peu connue des usagers est un droit comme le confirme le ministère de la Cohésion des territoires et des Relations avec les collectivités territoriales dans une question posée au Sénat en 2021.

Question que je vous partage ci-dessous : (c'est un peu long mais ça vaut le coup)

Respect des droits des familles lors des cérémonies de crémation [19]

__Question écrite n° 20811 de M. Jean-Pierre Sueur (Loiret – SER), publiée dans le JO Sénat du 18/02/2021 – page 1065__

M. Jean-Pierre Sueur appelle l'attention de Mme la ministre de la Cohésion des territoires et des Relations avec les collectivités territoriales sur les conditions dans lesquelles les opérations de crémation sont effectuées au sein des crématoriums et sur le respect des droits des familles de défunts à cet égard. L'article D. 2223-101 du Code Général des Collectivités Territoriales (CGCT) dispose que la partie publique d'un tel crématorium comprend [...] une salle de

---

[19] Source: https://www.senat.fr/questions/base/2021/qSEQ210220811.html

présentation visuelle de l'introduction du cercueil dans le four de crémation.

La rédaction même de cet article induit que les membres de la famille proche du défunt doivent pouvoir, s'ils le souhaitent, assister à l'introduction du cercueil dans le four de crémation au sein de la salle aménagée à cet effet. Or il se trouve que, dans un certain nombre de crématoriums, cela s'avère impossible, les familles proches se voyant refuser cette possibilité quand elles le demandent, ou n'en étant pas informées, ou la configuration des lieux ne le permettant pas.

Il lui demande donc de bien vouloir lui confirmer que les membres des familles proches doivent pouvoir, dans tous les cas, assister, au sein de la salle aménagée à cet effet, à l'introduction du cercueil dans le four de crémation, dès lors qu'elles en font la demande. Il lui fait observer à cet égard que, sans précision complémentaire, la notion de présentation visuelle peut se traduire par le biais d'une caméra, ce qui rend, de fait, virtuelle cette phase de la cérémonie, bien qu'elle soit cruciale pour un certain nombre de familles ; en effet, bornée à un écran, elle disparaît totalement de l'espace intime, et cette rupture physique du contact visuel peut dissuader certaines familles d'assister à ce moment crucial ; elle peut, en outre, se traduire par des processus attestés comme le catapultage et le basculement du cercueil, la caméra étant fixée à l'aplomb de celui-ci et la salle isolée phoniquement.

Il lui demande en conséquence de bien préciser, pour éviter toutes ces dérives, qu'il faut entendre visualisation comme le fait de voir concrètement l'introduction du cercueil dans le four de crémation, et non par le truchement d'un film présentant celle-ci totalement ou partiellement. Il lui demande, enfin, s'il ne lui paraîtrait pas souhaitable et conforme à l'esprit de la loi que les gestionnaires d'un crématorium soient dans l'obligation d'informer systématiquement les familles de cette possibilité et, si tel est le cas, quelles dispositions elle compte prendre à cet effet.

<u>Réponse du ministère de la Cohésion des territoires et des Relations avec les collectivités territoriales, publiée dans le JO Sénat du 25/03/2021 – page 1983</u>

Conformément à l'article D. 2223-101 du CGCT, lorsqu'il y a crémation, les proches du défunt ont la possibilité d'assister dans une salle de présentation visuelle à l'introduction du cercueil dans le four de crémation. Cette possibilité n'est pour autant pas garantie dans les crématoriums en activité au 24 décembre 1994, date de publication du décret n° 94-1117 du 20 décembre 1994 relatif aux prescriptions applicables aux crématoriums, en vertu du 1° de l'article D. 2223-108 du CGCT, en fonction de la configuration initiale de l'équipement.

Concernant les crématoriums soumis à l'obligation de salle de présentation visuelle, la circulaire n° 95-62 du 4 juillet 1995, relative aux prescriptions applicables aux crématoriums, précise que : La salle, indépendante, de présentation visuelle de l'introduction du cercueil dans le four de crémation est destinée aux familles qui désirent assister à cette introduction. La salle d'introduction du cercueil est en effet dans la partie technique du fait des risques qu'elle présente : la famille n'y a donc pas accès. Cependant, elle peut suivre cette opération derrière une vitre ou devant un écran vidéo dans la salle de présentation visuelle de l'introduction du cercueil dans le four de crémation.

Ainsi, la présentation visuelle de l'introduction du cercueil dans le four de crémation peut être, selon l'option retenue par la collectivité délégante ou gestionnaire du crématorium lors de sa conception, directe, c'est-à-dire s'effectuer à travers une vitre, ou indirecte, c'est-à-dire via un écran vidéo. Certains crématoriums sont équipés afin de proposer ces deux solutions. Il revient au conseiller funéraire d'informer la personne ayant qualité pour pourvoir aux funérailles de ce droit lors de l'organisation des obsèques, puis au maître de cérémonie d'en informer l'assistance le cas échéant.

En tout état de cause, il s'agit bien d'un droit pour les usagers, a fortiori gratuit, dès lors que le crématorium est soumis à l'obligation de salle de présentation visuelle dédiée, dont le Gouvernement prend note qu'il gagne à être connu. Un travail interministériel est en cours afin, d'une part, d'actualiser les prescriptions techniques relatives aux crématoriums, et d'autre part, d'établir un certain nombre de recommandations à l'égard des gestionnaires et des constructeurs qui ne relèveraient pas du niveau règlementaire.

Pour résumer : introduction en vingt secondes et visualisation au choix. Voilà ce que dit la loi, ce que je me dois de respecter.

Alors, si cette famille me lit un jour, qu'elle puisse comprendre et être rassurée...

MERCREDI 14 AOÛT 2024

Journée bien chargée aujourd'hui, pas le temps de papillonner !

Sept crémations, une dispersion, et des réflexions sur notre démarche d'optimisation des consommations.
Journée productive, sportive et intellectuelle. J'adore.

Echanger en équipe, envisager des hypothèses, argumenter, contre-argumenter, étudier la faisabilité, c'est super stimulant.

C'est en partie ce que j'explique à Olivier, un maître de cérémonie que j'apprécie beaucoup lorsqu'il me demande si je ne m'ennuie pas au crématorium.

Lui m'explique qu'être enfermé toute la journée il ne pourrait pas.
Alors je lui réponds qu'il est certain que nous sommes ravis d'aller à l'extérieur quand nous le pouvons ou le devons. Que contrairement aux apparences, notre travail ne se résume pas exclusivement aux cérémonies/crémations. Cela représente bien évidemment notre cœur de métier mais de cela énormément d'activités, de réflexions, et d'occupations découlent.
Mais, comme je lui explique, il faut le vivre de l'intérieur.

Notre quotidien n'est pas monotone, il n'y a qu'à reprendre tout ce que je vous raconte depuis le début de ce livre. Et pourtant, comme lui, j'ai cru cela avant d'arriver.

Lorsqu'un échange comme celui-ci se présente auprès d'un opérateur funéraire je ne le refuse jamais. Car étant aujourd'hui de l'autre côté, il me paraît essentiel de faire savoir que nous ne sommes pas « que » des fonctionnaires qui « attendent » et qui regardent les mouches voler. Non. Ce métier est tellement riche et insoupçonné !
Rempli de surprises, bonnes ou moins bonnes.

Quand je lui partage des bribes de ce que nous vivons dans notre Pyramide, il semble étonné. Nous avons la chance de pouvoir exercer un métier à la fois humain et relationnel, technique, de terrain, et administratif. La polyvalence à 300%.
Il me semble que c'est une sacrée valeur ajoutée !

L'objectif de ces récits journaliers, au-delà de faire connaître mon métier, c'est surtout de partager un quotidien plein de joie, d'humanité, de chagrin, et de jolis projets, dans un domaine qui parfois fait peur, révulse et attire de drôles de convoitises…

C'est ancrer ma réalité, ce que je vis et ce que je ressens, dans ces instants pour ne jamais les oublier.

« La gratitude n'est pas seulement la plus grande des vertus mais également la mère de toutes les autres. » Ciceron

VENDREDI 16 AOÛT 2024

Souvenez-vous, début juillet nous avions rencontré Marc PROUST, le conservateur des cimetières à l'origine du projet de crématorium... Il nous avait dit que nous devrions également nous entretenir avec son successeur, Dominique BODIN, que ce dernier aurait beaucoup à nous apporter...

Quelle belle surprise alors de le voir se présenter ce matin, à l'occasion d'une cérémonie à laquelle il venait assister.
Il s'est présenté en avance, l'occasion d'échanger brièvement et surtout d'organiser une rencontre pour qu'il nous partage, à son tour son expérience et sa vie dans le service.

Nous avons fixé mardi après-midi. Cela promet d'être un beau moment. J'en informe Amanda, ma responsable et actuelle conservatrice des cimetières et l'invite à se joindre à nous si son planning le lui permet. Ça sera chose faite.

Je suis ravie de cette nouvelle. Ces moments, bien qu'ils ne puissent pas directement être assimilés à de la productivité sont pour moi de véritables moments de cohésion. Nous sommes rassemblés autour de ceux qui nous ont précédé, nous partageons des valeurs communes et je pense que nous avons beaucoup à apprendre de leurs expériences.

Pouvoir au cours de sa carrière rencontrer tous les conservateurs des cimetières est extra ! Les écouter pour comprendre comment chacun, (avec les contraintes et les opportunités qu'ils avaient à ces différentes époques), a façonné le service et comment nous, aujourd'hui, nous pouvons assurer la relève et la poursuite de leurs travaux.

J'ai l'intime conviction que ces temps d'échange autour du passé peuvent nous aider à créer l'avenir, à développer une vision commune et juste du service et de nos missions dans un but, toujours le même des décennies après : assurer le service public.

Il me tarde d'être à mardi. Promis, je vous raconterai !

Cet échange téléphonique me met en joie.
Je sautille presque.

Je sens que Clément a plein de choses à nous apporter. Il a 4 ans d'avance sur nous.
Nos questions actuelles, il se les est déjà posées et a même trouvé les solutions.

D'une simple interrogation sur un protocole mis en place dans son crématorium, je m'aperçois que nous avons finalement beaucoup de choses à partager.

Je trouve ça riche et rassurant de pouvoir échanger entre crématoriums, de pouvoir parler ouvertement des pratiques et des problématiques communes que nous pouvons avoir. Ces échanges sont toujours empreints de bienveillance et d'une écoute sincère.

Ça me plaît. Ça me plaît de savoir que notre crématorium n'évolue pas en solitaire et que nos problèmes, d'autres y ont probablement été confrontés.
Internet est formidable pour ça.
C'est au détour d'une recherche d'un fournisseur de pierres réfractaires que je suis tombée sur un article de magazine qui parlait du protocole d'accompagnement des enfants sans vie et de leur famille au sein de ce crématorium...

Rappelez-vous... Je vous ai parlé plusieurs fois de notre travail et de nos réflexions sur l'accompagnement que nous offrons à ces tout-petits et sur l'amélioration que nous pouvons y apporter. Avec l'aval d'Amanda, je contacte ce crématorium, Clément est à l'initiative de ce projet chez eux.
Cet échange est une véritable bénédiction.

Il me propose un temps de partage plus long vendredi après-midi.
Je regarde le planning, je bloque le rendez-vous et je lui dis que j'ai
hâte d'être à vendredi, bien évidemment !

*« Tout ce qu'on partage fleurit, tout ce que l'on garde pour soi
moisit. »* Auteur inconnu

<h1 style="text-align:center">MARDI 20 AOÛT 2024</h1>

Je pourrais vous parler du problème de filtration que nous avons eu ce matin et des déboires collatéraux mais nous sommes mardi et je vous l'avais promis.

La rencontre avec Dominique BODIN...ancien conservateur des cimetières et père fondateur du cimetière naturel de Souché.

L'échange durera une heure et demi environ. Après une brève présentation, il nous retrace son parcours professionnel, les faits marquants et les difficultés auxquelles il a dû faire face au cours de sa carrière.

Il nous pose beaucoup de questions, sur le fonctionnement actuel, les projets, les évolutions... Il nous remercie de notre implication et nous encourage à rester nous-mêmes, à rester humains...

Au fil de la conservation, est évoqué le fait qu'avec son prédécesseur Marc PROUST et sa remplaçante Amanda, ils représentent 60 ans de l'histoire du funéraire niortais.
60 années où les évolutions ont été nombreuses et marquantes.
Je lui suggère l'idée d'en faire un livre, ça serait tellement riche à raconter et à transmettre !
Niort est une ville pionnière sur le funéraire : première ville à informatiser les cimetières, crématorium, cimetière naturel..., cela serait lui rendre un bel hommage. Je vais faire mûrir l'idée !

Son grand regret ? Ne pas avoir réussi à conduire au bout son projet de régie municipale de pompes funèbres. On sent la douleur toujours aussi vive à cette évocation. La raison ? Le changement de municipalité...

Ce sont aussi eux, les élus, qui permettent la concrétisation des projets... Qui sait, peut-être que ce sujet pourrait un jour revenir sur un programme de campagne électorale ?
Les prestations funéraires relèvent avant tout d'une mission de service public, il serait plus que cohérent de pouvoir proposer la gestion de ce service à une équipe municipale...

J'ai l'impression que Dominique a semé en nous des petites graines, pour assurer la relève et poursuivre les actions menées par le passé en faveur du funéraire niortais et surtout du funéraire public.

Aucune de ses paroles n'est tombée dans l'oreille d'une sourde.
Je ne sais pas où tout cela mènera. Mais je sais que nous ne pouvons pas garder cela pour nous, il faut le partager pour le faire pousser !

Nous avons déjà le sujet du prochain livre, allons-y étape par étape !

MERCREDI 21 AOÛT 2024

Nos journées ne sont pas toujours belles...

Aujourd'hui en est la preuve. Peut-être que le début de la matinée aurait pu m'alerter. Mais je ne veux plus croire au concept de "journée qui commence mal, journée qui finit mal"

Lorsque ce jeune monsieur arrive à moi, son histoire me touche. Pendu, avec trois cordes. S'est jeté d'un pont. Voulait mourir. Vraiment mourir.

Les suicides sont de fait, des morts dites violentes. La pendaison est ce qu'il y a pour moi de plus terrible. Trouver le courage de se passer la corde au cou témoigne déjà d'un profond désespoir, mais s'en passer trois relève d'un désespoir inqualifiable...

Il n'y a pas de temps de recueillement au crématorium. La famille se présentera directement pour la remise de l'urne, en vue d'une dispersion des cendres en pleine nature.

Puis arrive le second convoi. C'est pour la cérémonie d'hommage à l'arrière-grand-mère d'une de nos collègues opératrice funéraire...
La maîtresse de cérémonie qui officie se présente au bureau avant le début du recueillement, et nous demande de tous nous réunir, elle a quelque chose à nous dire.
Le téléphone sonne à ce moment-là, je décroche. Une conseillère funéraire d'une autre agence me donne quelques précisions concernant la crémation d'un monsieur prévue vendredi matin. L'office sera effectué par nous-mêmes, et nous devons joindre la fille du défunt pour organiser les détails.
Avant de prendre congés, elle me dit « Angèle je dois t'annoncer quelque chose... »

A ce moment-là, dans le bureau tout le monde attend que je raccroche le téléphone pour que la maîtresse de cérémonie nous livre son information.

« Pascal est décédé lundi soir. »

Pascal ? Non. Pas déjà. Pas possible...

Je ne sais plus trop comment s'est conclue la conversation dans l'émotion mais en posant le combiné je me tourne vers la maîtresse de cérémonie qui attendait.

« C'est Pascal ?
— C'est ce que je venais vous annoncer... »

Pascal, son collègue, notre collègue est décédé des suites d'une (trop) longue maladie qui l'aura finalement emporté bien (trop) rapidement.

Pascal était très connu localement. Il travaillait comme porteur pour un opérateur funéraire, mais avait été par le passé boulanger et connaissait très bien la conseillère funéraire qui appelait et qui prenait régulièrement des nouvelles. Elle aussi avait travaillé en boulangerie.

La nouvelle anéantit tout le monde.

Pascal était un homme d'une gentillesse et d'un professionnalisme exemplaires. A chaque fois qu'il venait au crématorium il avait toujours un mot gentil et bienveillant. Il était plein d'humour. Nous riions ensemble. Avant que sa maladie ne soit découverte, nous parlions de monter une troupe de théâtre...

Le temps ne lui aura pas laissé cette chance.

En me présentant au funérarium à la débauche, je le trouve allongé à la place de tous ceux qu'il a accompagnés. Son épouse me dit qu'il n'a pas souffert. C'est une maigre consolation mais ça apaise. Son visage bien que changé semble serein.

C'est de ma main sur son épaule gauche que je lui fais mes adieux, comme je faisais pour lui dire bonjour...

C'est l'un des nôtres qui part... Et l'un des meilleurs...

Repose en paix Pascal. Merci pour ce que tu nous as apporté.

J'ai la nostalgie au cœur aujourd'hui...

Aujourd'hui n'était pas juste. Ces morts n'étaient pas justes...

La rentrée approche et il faut bien en parler.
Et qui dit rentrée dit point sur les congés de fin d'année.
En consultant notre solde avec les collègues, nous lâchons un soupir...

Non pas car nous avons épuisé notre dotation, non. Mais parce qu'il nous en reste et que nous allons devoir jongler pour les poser... Concertation, réflexion, et solution. Au final, nous passerons la fin de l'année à tourner à deux... Il y aura toujours l'un de nous en congés.

Le pire, c'est que nous ne pourrons pas tout poser, il nous faudra en épargner.
En effet, nous n'avons pas pu prendre de congés en début d'année car nous n'étions pas suffisamment nombreux. Sur la fin de l'année nous ne pouvons donc pas tout écouler.

Ce n'est pas très grave. Nous finissons par poser les semaines au hasard, au gré des disponibilités.

Je vous raconte cela car je n'ai jamais connu ça... Aucun de nous n'attend désespérément ses congés, ses repos. Nous venons chaque matin travailler avec joie et sourire. Nous savons notre chance.

Alors bien que nous ayons certes plus de congés qu'un salarié du privé, nous ne cherchons pas à en "profiter". Notre travail nous anime tellement qu'il parvient à nous faire oublier nos congés.

Ressentir cela n'a pas de prix.

Nous travaillons chaque jour pour entretenir cette flamme. Individuellement d'abord mais aussi collectivement.

Nous sommes une équipe. Nous prenons soin de nous, nous nous entretenons, nous échangeons énormément, et nous investissons beaucoup dans notre cohésion.

Un travail passionnant et une équipe de talent, c'est le combo gagnant.
Les vacances ? Ce sont les autres qui nous rappellent d'en prendre !

« Choisissez un travail que vous aimez et vous n'aurez pas à travailler un seul jour de votre vie. » Confucius

VENDREDI 23 AOÛT 2024

Il est un fait social à prendre en compte.
Un bruit silencieux, que seuls les parents entendent et que la société fuit.
Car il fait peur, le deuil périnatal.

Qui plus est, il est difficile de le gérer, de l'accompagner...
Et souvent, les questionnements des parents surviennent des mois, voire des années après le décès.
Où est-il ? Que s'est-il passé ? Reste-t-il une trace de lui ?

C'est au cœur de ce décalage entre la réglementation et la réalité du terrain qu'ont été initiées nos réflexions sur l'accompagnement des enfants nés sans vie et de leurs parents.
Je vous avais parlé de la réunion avec les équipes du centre hospitalier, puis de la législation sur le devenir de ces tout-petits.
Acteurs du parcours de ces enfants, nous avons chacun à cœur d'apporter à notre niveau la meilleure réponse qu'il puisse être donnée d'apporter dans de pareilles circonstances.

Pour rappel, deux possibilités sont envisageables pour les parents confrontés à la perte de leur enfant né sans vie : organiser des obsèques, ou confier le corps de l'enfant à l'établissement de soins.

Dans le premier cas, les parents se rapprochent d'un opérateur funéraire pour organiser les obsèques sur un schéma traditionnel avec toute la subtilité que requière une telle prise en charge.

Dans le second cas, l'établissement de soins se charge de faire conduire les corps des enfants dans un crématorium en vue d'une crémation anonyme et collective. A ce stade les fœtus et bébés sont considérés "pièces anatomiques" au sens de la réglementation.

Mais au sens humain il n'en est rien. Ces tout-petits ne laissent personne insensible.
Certaines villes sont davantage avancées sur ce sujet-là, comme Grenoble qui a travaillé sur un accompagnement à la fois conforme à la réglementation et à l'éthique.

C'est la raison de notre réunion de cet après-midi. Echanger sur leur expérience et leurs pratiques.

Lors de la crémation de ces petits, un galet réfractaire les accompagne et est récupéré à l'issue de la crémation.
Les galets sont collectés dans un coffret et conservés précieusement et les cendres dispersées au jardin du souvenir.

Le premier mardi du mois de juin, les parents, via l'établissement de soins, sont invités à la cérémonie annuelle du souvenir.
En effet, le crématorium ne détient pas les coordonnées des familles puisque ces crémations sont anonymes et mandatées par l'établissement de soins.

Durant cette cérémonie, des textes sont lus, des musiciens jouent quelques morceaux et les associations d'aide aux parents endeuillés sont présentes.

Le coffret contenant les galets collectés à l'issue des crémations est inhumé au pied d'une stèle dédiée aux tout-petits.
Les parents, ainsi, savent. Ce lieu, sera le sanctuaire de leur enfant, et de tous les autres. Ce moment, un temps pour se souvenir, se soutenir et se recueillir.

Cela leur fait du bien. Le drame qu'ils traversent est considéré. C'est le bilan que dresse notre confrère de Grenoble.

Ce temps d'échange avec lui nous ouvre de nouvelles perspectives. Il nous faut à présent poser et analyser toutes ces informations.

Prendre le temps de construire quelque chose de juste pour ces enfants et leurs parents.

Ce qui est sûr aujourd'hui, c'est que notre volonté est assurée et que ce projet, nous le mènerons avec conviction et détermination. Nous leur devons.

« Toute vie achevée est une vie accomplie. De même qu'une goutte d'eau contient déjà l'océan, les vies minuscules, avec leurs débuts si brefs, leur infime zénith, leur fin rapide n'ont pas moins de sens que les longs parcours. Il faut seulement se pencher un peu pour les voir, et les agrandir pour les raconter. » Françoise Chandernagor

49 ans, alto épanoui, et victime d'une tragédie.

L'histoire de Guillaume nous fait commencer la semaine sur une note amère, au goût de triste fatalité.

Il vivait pour elle, pour la musique. Sa musique. Les morceaux que nous écoutons au cours de la cérémonie sont de sa propre composition. Ils sont le reflet de son âme.
Le premier s'intitule « Doutes ».

Nous regardons ensuite une vidéo d'un quatuor qui interprète « Dissonances » de Mozart. C'est magnifique.

Une dame prend la parole et retrace les derniers moments de Guillaume. Ce stage de musique au bord d'un lac, où elle a insisté pour que Guillaume participe. Le mois de préparation, la hâte d'y aller. Les heures intensives de répétitions, la joie, la confiance, les peurs, le bonheur, l'instant présent, le pouvoir de l'alto.
La représentation, faire partie du quatuor qui jouera Mozart, le jouer, ne pas avoir pleinement apprécié car trop concentré. Avoir l'espoir pour les prochaines représentations. La prise de conscience.
« L'alto m'a sauvé. » C'est ce qu'il dira à cette dame au cours de ce stage.

L'alto aura aussi tout arrêté. Ce soir d'été, sur cette terrasse, au bord de « son lac ». Il a glissé, il est tombé, il ne s'est jamais relevé.

Les larmes que je vois couler ce matin sont tellement difficiles à regarder... Ce père effondré, cette amie éplorée, cette assemblée désemparée.
Des photos de Guillaume sont diffusées à l'écran sur un morceau intitulé « L'éléphant ».

J'aurai aimé connaître la raison de cette appellation.

Je vois cet homme et le pouvoir qu'a eu la musique dans sa vie trop vite interrompue.
J'espère que ses morceaux continueront de vivre dans le cœur et les oreilles de ses proches... C'est à présent ce qui les reliera, au-delà de toute séparation physique...

« Si la musique nous est si chère, c'est qu'elle est la parole la plus profonde de l'âme, le cri harmonieux de sa joie et de sa douleur.»
Romain Rolland

MARDI 27 AOÛT 2024

Ma première pensée est pour mon grand-père. Il aurait eu 104 ans aujourd'hui. Il est décédé il y a 21 ans, je n'étais qu'une enfant. À 13 ans, il s'agissait du premier défunt que je voyais. Je m'en rappelle comme si c'était hier.

Il était beau, reposé. Je me suis approchée, je l'ai observé, je l'ai embrassé. Il m'a donné l'impression de dormir.
Avec le recul et ma petite expérience en thanatopraxie, je peux dire aujourd'hui que le thanatopracteur qui s'est occupé de lui avait très bien travaillé.

Je me souviens le court instant d'hésitation qu'ont eu mes parents quand j'ai demandé à « voir papi ». Ils se sont regardés puis m'ont accompagnée.

C'est souvent une question que les personnes se posent. Faut-il ou non que les enfants voient les défunts ? Faut-il ou non que les enfants aillent aux enterrements ?

Une seule réponse. C'est aux enfants de décider. Un enfant qui en exprime le besoin doit être accompagné. Voir le proche disparu où assister aux obsèques permet de situer la mort concrètement dans l'esprit des enfants. Ce n'est pas les protéger que de vouloir leur épargner cette tristesse.
Ils ont besoin d'être confrontés à la réalité de la vie et donc de la mort pour se construire. Ils doivent la figer dans le marbre.

De nombreux professionnels se sont penchés sur la question et tous sont unanimes. Voici quelques extraits glanés dans la revue « Mortem » [20]

---

[20] Magazine « Mortem », numéro 1, mai 2021, pages 48 à 53

- Isabelle Hanus, assistante sociale et auteure d'ouvrages sur le sujet explique dans son étude « Parler de la mort avec son enfant » que *« Les tout-petits ne connaissent pas la mort mais l'absence. Vers quatre ans, avec le début de la compréhension du déroulement du temps, son irréversibilité commence à germer. Si, vers 6 ans la mort n'est l'affaire que des vieilles personnes, dès l'âge de 9 ans ils comprennent que la mort est un élément indissociable de la vie. »*

- Hélène Romano, psychologue spécialiste du deuil des enfants et auteure d'albums pour enfants qui traitent de ce sujet insiste beaucoup sur le fait de ne pas éluder les questions des enfants sur la mort, de les rassurer à partir de leurs propres interrogations… Elle déconseille fortement les paraphrases du type « Elle est partie pour un grand voyage. » « Il est parti dans les étoiles. » Selon elle la vérité doit être énoncée mais pas forcément développée.

- A la question « Faut-il emmener son enfant à un enterrement ? », la réponse est sans équivoque. *« C'est toujours préférable. L'en exclure n'est pas le préserver. Au contraire, privé de l'enterrement d'un proche, un enfant peut développer des angoisses supplémentaires : imaginer qu'il n'était pas très important pour lui et se sentir abandonné. Il a besoin, lui aussi, de communier avec son entourage lors de cet au revoir. Pas question pour autant de l'y obliger. S'il ne souhaite pas assister aux obsèques, il peut être présent par la pensée et le cœur. On peut lui proposer de faire un dessin au proche disparu, ou de lui écrire un petit mot que l'on posera parmi les fleurs, sur son cercueil ou dans la tombe. Si l'enfant demande à venir, il faut le préparer en expliquant le déroulement de la cérémonie. S'il est amené à voir le corps du défunt, il est également important de lui décrire en amont l'aspect physique de la mort, la froideur et la pâleur du corps, afin qu'il ne soit pas apeuré. »*

Au crématorium, nous voyons régulièrement des enfants, petits et grands. Leur présence aux obsèques dépend je pense beaucoup de leurs parents, et des peurs qu'ils peuvent projeter.

Un enfant qui demande à être présent ne devrait pas être laissé de côté pour être protégé. Au-delà de l'accompagnement qu'il souhaite apporter au défunt, il a très certainement aussi envie d'être présent pour ses parents. Le soutien et la bienveillance marchent dans les deux sens.

J'ai eu l'occasion de voir des enfants forts et dignes rassurer leurs parents lors de cérémonies. Et là, force est de constater que les enfants sont bien plus forts que nous pouvons le penser…

« La mort rattrape ceux qui la fuient. » Horace

MERCREDI 28 AOÛT 2024

Cette cérémonie était si belle...
Tout sonnait si juste...

Une playlist quasi exclusive de Johnny, le meilleur des maîtres de cérémonie, et une petite assistance. Petite par le nombre mais grande par le cœur et par l'amour qui se dégage sous cette pyramide.

Gilles, a combattu toute sa vie. « Jamais chômeur, toujours au labeur. » disait-il.
Avec une jambe en moins et un AVC dans le corps, contraint à la vie en fauteuil roulant, il a su fédérer autour de lui de vrais fidèles. Son fils d'abord, ses amis mais également ses auxiliaires de vie.

Elles sont trois à s'approcher du pupitre pour témoigner. Ce qu'elles retiennent de lui : sa gentillesse, son courage et son envie de vivre. Un grand Homme.

Son handicap ne l'a pas empêché de réaliser ses rêves : trouver un logement, revoir la mer et le port de Toulon où il était engagé dans la marine, puis le port de Brest où il a fait ses classes.
Les photos qui défilent sont pleines de joie et d'émotion.

La chanson qu'elles lui dédient : « Un homme debout » de Claudio Capeo.
« Il fut un temps où j'étais comme vous, malgré toutes les galères je reste un homme debout... »

Gilles, qu'elles appellent par son nom de famille, Monsieur R., le protégé du service leur aura durant sept années apporté de grandes leçons de vie.

Elles l'ont mutuellement accompagné dans la réalisation de ses rêves, dans son maintien à domicile, et aujourd'hui dans son départ vers un port inconnu.

Le respect, l'admiration, et l'affection qui se dégagent de leur hommage me donne des frissons. Je suis touchée de cette relation qui les unissait, tous.

Les auxiliaires de vie, aides-soignantes et infirmières sont souvent oubliées dans les remerciements mais il est certain que sans leur dévouement, nos défunts n'auraient pas la même fin de vie...

Que Gilles parte en paix, il laisse ici un beau message d'amour et de courage. Il ne sera pas oublié et sa force continuera très certainement de guider ces trois femmes sur leurs chemins de vie.

Le labeur ne s'arrête pas avec la mort, il continue, peut-être même encore plus fort. Mais cette fois, sans efforts.

Deux crémations ce matin, et la pluie. Il y a des jours comme ça où nous sommes boudés.
C'est l'occasion de se pencher sur les statistiques, sur le site internet et de se mettre à jour.

C'est aussi ce que j'aime dans ce travail c'est qu'au-delà des cérémonies et des crémations je trouve toujours plein de choses à faire.
Hier nous avons testé les pochoirs faits maison pour l'identification des cases de columbariums, essai plutôt concluant. Nous attendons le retour d'Amanda pour validation avant le déploiement à grande échelle.

Aujourd'hui, nous avons profité de l'absence de cérémonies dans l'après-midi pour faire intervenir l'entreprise qui gère notre sono.
Nous avions depuis quelques semaines un grésillement plus que gênant au niveau du bouton de réglage du volume. Le bouton étant très sollicité, il nous montrait des signes d'épuisement.
L'installation est raccordée avec de nombreux câbles, le technicien y passera l'après-midi. Il en profite pour refaire le point sur tous les réglages de tous les boutons reliés à tous les supports audios. Je lui demande également s'il est possible de vérifier le micro qui a tendance, dès que nous montons le son, à faire effet Larsen.

A coups de « un, deux, un, deux, test, un, deux » et de « Mesdames, Messieurs... » nous tâtonnons pour trouver le bon réglage. Nous finissons par nous approcher du réglage parfait en éliminant l'effet Larsen. Cela va nettement améliorer la qualité du son diffusé et nous changer la vie par la même occasion.

Nos essais nous donnent presque l'impression d'être sur un plateau télé tant le son est propre et clair.

Ce n'est pourtant pas grand-chose, mais c'est dans ces petits détails que le diable se cache... Les cérémonies doivent se faire dans la douceur et dans l'harmonie. Pas dans les grésillements ni dans le Larsen.

Je suis contente que nous ayons passé plus de trois heures sur le réglage de cette sono. Cela en valait la peine.
Nous ne verrons plus les visages se crisper dès que nos doigts seront sur le bouton du volume...

« Les détails font la perfection et la perfection n'est pas un détail... »
Léonard de Vinci

Éprouvante. C'est l'adjectif que j'emploierai pour qualifier la journée, et plus particulièrement cette cérémonie...

150 personnes annoncées. Un créneau de trente minutes. Impossible. Nous le savions. Nous avons tenté d'alerter l'opérateur funéraire hier afin de soit déplacer le créneau, soit revoir le déroulé de la cérémonie. Nous avons d'autres cérémonies programmées après et nous ne pouvons pas tolérer trop de débordement. Par respect pour toutes les familles endeuillées.
D'autant plus que mercredi, nous avons déjà été mis en difficulté par cet opérateur funéraire qui a terminé sa cérémonie avec trente minutes de retard...
Cette fois il nous a assuré faire en sorte d'arriver en avance et de raccourcir la cérémonie.

Ce matin, nous sommes tous sur le qui-vive.
À l'heure annoncée pour leur arrivée, il n'y a pas de corbillard. Le monde afflue. Ce n'est pas 150 personnes qui viennent rendre hommage au défunt mais 300.
L'équipe arrive vingt minutes après l'horaire prévu.
Au programme sept prises de parole.
Je ne vois pas ce qui a été raccourci si ce n'est que nous allons écourter les musiques. Pas de quoi nous sauver.

La cérémonie est une belle cérémonie, chargée de souvenirs et d'émotion. C'est un moment hors du temps pour cette famille très accrochée à ce monsieur qui vient de les quitter.

Le temps, c'est au maître de cérémonie de le maîtriser. Mais là, clairement il nous échappe complètement.
L'heure tourne, tourne... La cérémonie suivante aurait même dû commencer... Mon collègue se charge de prévenir la famille du

retard engendré... Elle montre sa déception mais comme nous, elle est prise en otage. Elle n'a pas le choix que d'attendre...

Je fais les calculs, nous sommes à 50 minutes de retard sur l'heure initiale de mise à la flamme. Le temps que la cérémonie se termine nous aurons une heure de retard. C'est trop. Si nous lançons la crémation, ce sont toutes les familles suivantes qui seront impactées. Ce n'est pas possible. J'appelle ma responsable pour avoir son aval pour le report de la crémation en fin de journée. Au vu du retard trop conséquent, la question ne se pose pas.

J'annonce la nouvelle à l'opérateur funéraire. Évidemment ça complique la suite, car le dépôt de l'urne au cimetière était prévu dans l'après-midi.
La nouvelle contrarie également la famille, ce qui est inévitable et compréhensible.

Mais le plus décevant pour moi, c'est de savoir que nous avons fait tout notre possible pour limiter le débordement en alertant, en proposant des alternatives tant qu'il était encore temps...

Cela servira de leçon à tout le monde.
Finalement vouloir être trop conciliant n'est pas toujours juste... Non.
Ce qui est juste c'est de fixer des règles et de s'y tenir.
Les pompes funèbres n'ont pas le monopole des contraintes et nous ne devons pas oublier que nous agissons eux et nous dans un même intérêt : la satisfaction des familles.

Il suffit juste parfois, d'anticiper et d'expliquer.

Heureusement, tout s'est bien terminé malgré le retard occasionné de tous les côtés.

Savoir tamponner, c'est aussi une de nos qualités.

Aujourd'hui je suis conviée à la cérémonie de remerciements dans le salon d'honneur de l'Hôtel de Ville.
Le Maire et ses équipes organisent cette petite sauterie pour remercier les agents et les assesseurs de leur mobilisation lors des trois dimanches d'élections.

C'est un beau moment, l'occasion de se retrouver, de revoir les collègues que l'on voit peu... Et surtout l'occasion de recroiser Dominique BODIN, ancien conservateur des cimetières et prédécesseur d'Amanda.

« Alors ? me dit-il. J'ai su tout de suite de quoi il parlait...
— Je n'oublie pas mais je n'ai pas encore eu l'occasion d'en parler à Amanda... Je la vois demain, je lui en parlerai. »

Alignement des planètes, Amanda se joint à nous à cet instant même. Je l'informe qu'il faudra absolument que je lui parle de quelque chose de très sérieux demain.

« Pour l'affaire qui nous occupe, il faut que tu rentres en contact avec M. LACORRE, je lui en ai parlé et il est partant car ça ne s'est jamais fait. » me dit Dominique.

Amanda ne sachant pas de quoi l'on parle nous dit que justement, elle doit aussi voir ce M. LACORRE.
Après avoir voulu jouer la carte du suspense et la faire patienter jusqu'à demain, la tentation est trop forte. Je me lance dans l'explication du projet qui semble lui parler.

Souvenez-vous de l'échange que nous avons eu avec Dominique au crématorium... Et de l'idée qui s'en était dégagée...

L'écriture d'un livre sur le demi-siècle de l'histoire funéraire niortaise.

C'est cela qui animera nos discussions ce soir. Nous y voyons de nombreux avantages. Tout d'abord l'information autour du patrimoine funéraire local, les projets précurseurs et prometteurs de la ville, le partage, la transmission, et surtout la reconnaissance pour les trois conservateurs qui ont construit et fait évoluer le service : Marc, Dominique et Amanda.

Un projet transversal, original, stimulant et dénué de toute obligation professionnelle !
C'est cela qui le rendra encore plus merveilleux. De savoir qu'il verra le jour de notre propre initiative, sur commande de notre seule motivation et de notre envie de partager et de fédérer...

« Entre possible et impossible, deux lettres et un état d'esprit. »
Charles De Gaulle

MARDI 3 SEPTEMBRE 2024

Il existe des journées où les situations se répètent et où l'on ne pourra jamais s'habituer.
Aujourd'hui est de ces journées.

Ces deux jeunes femmes vivent le même drame, le même jour. Mais pourtant elles ne se connaissent pas. Elles sont jeunes et toutes les deux, elles disent au revoir à leur père.

Toutes les deux elles ont écrit un texte plein d'amour en hommage à leur papa.
Toutes les deux elles font preuve d'une infinie dignité jusqu'au moment où...

La première hurlera de douleur à la sortie de la salle de cérémonie, enlacée dans les bras d'une de ses proches. Son cri résonne en moi. Il est si sincère, si profond...

La seconde s'effondrera sur le cercueil de son père avant qu'il ne quitte la salle de cérémonie. Ses larmes coulent à flot...

Voir ces deux jeunes femmes perdre leurs pères de 52 et 62 ans m'émeut.
Je compatis à leur douleur, dans le plus grand des respects, sans pouvoir la comprendre ni même chercher à l'imaginer. Cela m'effraie trop.

J'avais déjà abordé le sujet de ma « non envisageabilité » de me retrouver orpheline.
Des situations comme aujourd'hui me rappellent à quel point je suis privilégiée de pouvoir continuer à profiter de mes parents chaque jour.

Côtoyer la mort au quotidien change ma relation à la vie mais en aucun cas cela peut m'aider à mieux supporter l'absence des miens, ou à mieux l'envisager...

Dans cette réalité parfois, souvent terrible, aucun mot ne suffira pour apaiser tant de chagrin. L'écoute, l'accueil de la souffrance et la présence sont alors ce que nous avons de plus précieux à offrir...

Intérieurement, je souhaite le plus grand des courages à ces deux jeunes femmes...

MERCREDI 4 SEPTEMBRE 2024

« Angèle, je vais essayer d'écrire au brouillon dans les jours qui viennent ce que j'ai pu connaître depuis mes débuts, j'aurais dû le faire depuis longtemps, cela pourra toujours nous servir. Bravo Angèle on a besoin des jeunes pour nous secouer, je t'embrasse »

C'est le message que m'envoie Marc PROUST après notre échange téléphonique où je lui ai parlé du projet de livre sur le patrimoine funéraire niortais.
Il est ravi et partant pour rejoindre l'aventure et me confie avoir pensé à écrire à une époque de sa vie mais avoir manqué de courage...

C'est, je le sens, le début d'une belle et riche aventure. Ce livre qui avait traversé l'esprit de tout le monde au cours des décennies va devenir réalité, il va être un projet commun et un bel hommage au milieu funéraire niortais mais aussi à toutes celles et ceux qui ont contribué à faire du service ce qu'il est aujourd'hui.

Pour moi c'est l'occasion d'aider à la réalisation de cet ouvrage, de coordonner les échanges, et surtout de remercier ceux grâce à qui je suis ici au crématorium.

C'est mettre à l'honneur un service mais surtout un immense pan de la société que nous voulons souvent masquer...
Redonner au funéraire la place qu'il mérite.
Une place d'utilité sociale.

Ce projet c'est le partage, l'histoire, la transmission, la succession, l'évolution, la réflexion et la concrétisation.
C'est à n'en pas douter de très beaux moments à passer ensemble et la promesse d'un beau résultat...

J'ai hâte !

L'émotion qui me traverse me bouleverse. Je suis profondément touchée par ce jeune homme et sa sœur.

Elle, Océane est en charge de l'organisation des obsèques, la cérémonie est très bien orchestrée, tout est clair et précis. Nous avons une heure pour accompagner Stéphane, leur beau-père, vers cet ailleurs.

Un beau-père qu'ils considèrent tous les deux comme un père... Un beau-père qui a élevé ces enfants comme les siens et qui aujourd'hui lui disent merci pour avoir fait d'eux ce qu'ils sont.

Lui, Antoine lui a dédié deux magnifiques poèmes, qu'il a lui-même écrits. Stéphane, professeur de français lui a transmis la passion des mots.
En l'écoutant, je suis épatée. Il manie les vers et les mots à la perfection. Ses poèmes sont chargés de sens et d'évidence.

Ensemble ils liront « Demain dès l'aube » de Victor Hugo. C'est un poème particulièrement apprécié de Stéphane.
C'est un poème souvent lu, et mal lu lors des cérémonies. Nous l'entendons tous les jours mais ces deux jeunes gens savent où ponctuer. À leur lecture, je sens tout l'héritage que leur laisse ce beau-père, toute la beauté et le pouvoir des mots qu'il a su leur transmettre.

Stéphane était trop jeune pour mourir. Mais des 58 années qu'il aura vécues, il aura défendu des valeurs précieuses : l'enseignement, le partage, et la transmission.

Des valeurs qui sont rares et chères de nos jours.

S'il pouvait me lire, qu'il soit rassuré. Ces deux jeunes gens, ses (beaux)-enfants conserveront à n'en pas douter cet héritage toute leur vie.

J'ai trouvé cela tellement beau, cette jeunesse passionnée par les mots, par notre jolie langue française, par le vrai français...

Qu'ils sachent que je les remercie de m'avoir permis de partager cela avec eux, à mon humble niveau... À ma juste position...

« L'homme qui a le plus vécu n'est pas celui qui a compté le plus d'années mais celui qui a le plus senti la vie. » Jean Jacques Rousseau

La vie c'est finalement si peu...
Si peu mais tellement précieux.
Et c'est parce qu'elle est si peu qu'elle devrait être vécue intensément,
loin de tous tracas et problèmes futiles.

Elle est aussi parfois incompréhensible et injuste. Comme pour ce
monsieur aujourd'hui.

Après un déjeuner en famille, il est parti se reposer et faire la sieste.
Il ne s'est jamais réveillé.
Certains trouveront que c'est une belle mort, soit. Mais pas à 42 ans.
Pas chez sa mère et encore moins avec les enfants qui essaient de le
réveiller...

Son cercueil ardoise est recouvert de messages... Quand je vois tout
ça je me dis que je suis nantie. Quand vous voyez cela, vous
relativisez toutes les préoccupations qui vous prennent l'esprit. Vous
avez envie de profiter encore plus de chaque seconde parce que d'un
instant à l'autre tout peut s'arrêter, sans raison apparente.

Cela me fait penser au texte de Jacques Prévert : « Après ».

Je vous le partage :

« À peine la journée commencée et ... il est déjà six heures du soir.
A peine arrivé le lundi et c'est déjà vendredi. ... et le mois est déjà
fini... et l'année est presque écoulée.
... et déjà 40, 50 ou 60 ans de nos vies sont passés.
... et on se rend compte qu'on a perdu nos parents, des amis.
et on se rend compte qu'il est trop tard pour revenir en arrière ...
Alors... Essayons malgré tout, de profiter à fond du temps qui nous
reste...

N'arrêtons pas de chercher à avoir des activités qui nous plaisent...
Mettons de la couleur dans notre grisaille...
Sourions aux petites choses de la vie qui mettent du baume dans nos cœurs.
Et malgré tout, il nous faut continuer de profiter avec sérénité de ce temps qui nous reste.
Essayons d'éliminer les "après"...
Je le fais après ... Je dirai après ... J'y penserai après ...
On laisse tout pour plus tard comme si "après" était à nous.
Car ce qu'on ne comprend pas, c'est que : après, le café se refroidit ...
après, les priorités changent ...
après, le charme est rompu ...
après, la santé passe ...
après, les enfants grandissent ...
après, les parents vieillissent ...
après, les promesses sont oubliées ...
après, le jour devient la nuit ...
après, la vie se termine ...
Et après c'est souvent trop tard.... Alors... Ne laissons rien pour plus tard...
Car en attendant toujours à plus tard, nous pouvons perdre les meilleurs moments, ...
les meilleures expériences,
les meilleurs amis,
la meilleure famille...
Le jour est aujourd'hui...L'instant est maintenant... »

L'instant est maintenant... Tout est dit...

Il est difficile d'apporter une explication à cette période calme... Un faible nombre de décès ou bien des choix qui s'orientent davantage vers l'inhumation ?

Pour comparaison, l'an dernier à la même époque le planning était complet. Aujourd'hui nous avons 3 crémations. Demain aussi...

Alors une fois de plus nous en profitons pour nous atteler aux tâches délaissées.
Je pars aux extérieurs. Aujourd'hui, je me charge de dégager les compteurs qui sont en bordure de route et enfouis sous une végétation nuisible et agressive. Je scie un roncier à sa base et tire avec satisfaction les énormes branchages qui au passage me chatouillent (pour ne pas dire me piquent) les doigts malgré les gants.

Je retire également du lierre plus que développé puisqu'il était parvenu à pousser dans le boîtier du compteur de gaz.
Ce compteur qui justement m'intéresse particulièrement pour suivre en réel les consommations et les confronter aux données des appareils de crémation.

Après une bonne matinée dans le buisson, l'accessibilité se dessine et notre sécurité aussi. Il était important que les compteurs soient bien visibles en cas d'intervention d'urgence.

Mon après-midi sera consacré à la préparation de l'arrivée de notre nouvelle stagiaire demain. Ce n'est pas n'importe qui, c'est une jeune fille d'à peine 14 ans qui vient découvrir le service funéraire de la ville et le crématorium ! À cet âge c'est chouette de montrer un intérêt pour notre milieu.

Je réfléchis sur son accompagnement et lui prépare deux trois petites choses pour la plonger dans l'ambiance.

Je n'en dis pas plus, nous aurons la suite demain !

Ponctuelle. C'est déjà très positif.
Notre jeune stagiaire se présente au crématorium avec le sourire et nous sommes là pour l'accueillir.

Nous commençons par un petit tour des locaux et des extérieurs. Ce n'est pas évident d'expliquer notre quotidien à une enfant de 14 ans qui n'est plus trop une enfant...
Je ne sais pas comment m'y prendre, je dois être un peu gauche...
Elle est mignonne, elle écoute attentivement, et me pose des questions quand elle ne comprend pas un mot par exemple. Je me retrouve donc à devoir donner des définitions simplifiées de mots tels que le deuil et l'éthique.
Exercice difficile pour moi ! N'ayant pas d'enfant, je ne sais pas vraiment le niveau de développement cérébral à 14 ans. Et je ne me souviens plus comment étais-je à cet âge-là... Heureusement mon collègue vient à ma rescousse !

J'avais préparé une fiche explicative sur les différents métiers du funéraire. « Un peu de lecture pour ces jeunes qui lisent de moins en moins » me dis-je ! L'idée étant qu'elle découvre tous les métiers liés à la prise en charge des défunts.

À cela j'avais préparé une liste de mots et nous lui avons demandé, avec ses mots de nous en donner une signification, nous dire ce que cela lui évoque...
Pareil avec une série de photos...
Puis le plus sympa pour la fin, une grille de mots cachés !

Elle n'a pas d'appréhensions particulières face à notre métier, ce qui nous permet de lui faire voir l'ensemble de nos missions, y compris la partie technique.

C'est une journée que j'ai trouvée digne d'intérêt. Accueillir cette jeune demoiselle était un plaisir. Elle aura peut-être l'occasion de revenir durant son stage, nous verrons.

Ce qu'elle nous a dit en partant : même si ce n'est pas le métier auquel elle se destine, elle a trouvé cela très intéressant et elle a appris plein de choses.

Mission accomplie, nous ne l'avons pas effrayée !

« L'expérience ne procure aucun plaisir si ce n'est celui de la transmettre. » André Maurois

Les signes...
Y croire ou pas ?

Laissez-moi vous raconter...

Nous sommes sur l'organisation de cette cérémonie depuis la semaine dernière avec l'opérateur funéraire. Un défunt de 50 ans, Jérémie, deux enfants, marié à une infirmière sapeur-pompier, connus et appréciés tous deux localement. En somme une grosse cérémonie.

Afin d'éviter tout risque de débordement ingérable, l'opérateur funéraire organise la cérémonie civile dans sa salle de cérémonie au funérarium. Au crématorium aura lieu uniquement le temps de recueillement et le dernier geste auprès du cercueil.

C'est ainsi que c'est convenu et que cela va se passer. Le convoi est ponctuel, l'assemblée nombreuse.
Nous préparons la salle de cérémonie, décorée des nombreuses compositions florales, photos et tableaux des enfants. Il faut reconnaître que la salle est très belle.

L'hommage se déroule avec une grande émotion... Sur le cercueil des roses et des pétales qui vont partir avec lui.
Au moment du départ, j'entends les pleurs de son épouse et de ses enfants dans mon dos... Je ne m'habituerai jamais à cela.
« Au revoir mon mimi... » dit son épouse avant que la porte ne se ferme.

La famille ne souhaite pas assister à la visualisation de l'introduction du cercueil dans l'appareil de crémation. C'est donc seule que j'accompagne Jérémie.

Le voyant clignote au vert, j'appuie, la porte s'ouvre, le bras pousse le cercueil qui entre dans l'appareil et là un pétale, un seul, qui s'envole et revient vers moi. La porte se ferme, le bras revient à sa place et moi j'observe ce pétale.

Je pose ma blouse, enfile ma veste et prends délicatement le pétale dans mes mains. Je rejoins mon collègue en salle de cérémonie, il était en train de vider la salle des fleurs.
Je lui explique que ce pétale est le seul qui soit revenu vers moi lors de la mise à la flamme et que c'est peut-être un message pour l'épouse du défunt.
Il va chercher le maître de cérémonie, et lui explique. Ce dernier prend le pétale dans ses mains, et nous demande de le suivre. Tous les trois nous nous dirigeons vers l'épouse qui est à l'extérieur avec ses proches.

« Madame, lors de la mise à la flamme, un pétale qui était sur le cercueil est sorti et revenu jusqu'à ma collègue. Alors symboliquement je vous le remets car il s'agit peut-être là d'un signe de votre mari... » dit le maître de cérémonie.

Je vois l'épouse qui me regarde, remercie, nous regarde... Je vois ses larmes monter dans ses yeux et je m'éclipse. Je l'entends s'effondrer quand je retourne en salle de cérémonie. J'aide au chargement des fleurs lorsque je vois mon collègue et le maître de cérémonie revenir, tous deux avec les yeux plein de larmes également.

« Là, tu l'as touchée, tu nous as touchés... Elle s'en souviendra. » me disent ils en sortant les mouchoirs.

Je suis émue de voir mes collègues aussi touchés... Je ne sais pas, ce pétale pour moi c'était ça, ce monsieur qui voulait dire à sa femme « Je suis là... » J'ai agi dans l'instant, dans l'instinct.
Je n'ai fait que la messagère.

« *Le prénom Angèle est d'origine grecque et dérive du terme "ángelos" qui signifie "messager" ou "ange". Ce prénom féminin est porteur d'une symbolique forte, évoquant la pureté, la spiritualité et la bienveillance des anges* »[21]

---

[21] Source: https://www.signification-noms-prenoms.com/signification-du-prenom/angele/

C'est la journée des surprises aujourd'hui !

D'abord j'ai préparé un gâteau pour mes collègues. Puis hier soir je me suis arrêtée au magasin pour chiner deux trois objets de déco pour notre salle de cérémonie.
Nous souhaitons intégrer davantage de douceur dans cette pièce immense et froide...

Puis en ouvrant la messagerie, je vois un courriel de la dame qui nous accompagne pour le réagencement de notre salle d'accueil, avec sa proposition d'aménagement en 3D. C'est superbe !

Je relate tout cela à mes collègues à leur arrivée, ils sont enchantés ! La déco leur plaît, le gâteau aussi, la journée s'annonce belle.

Je reçois ensuite un appel d'Amanda qui me fait part d'un coup de téléphone qu'elle a reçu hier du maître de cérémonie qui a accompagné Jérémie et son épouse. Souvenez-vous, l'histoire du pétale... Il l'a appelée pour exprimer sa satisfaction et témoigner ses remerciements à notre égard pour l'avoir assisté dans l'organisation et le déroulement de cet hommage. C'est un beau geste que de prendre le temps de partager cela...

Autre surprise de la matinée, il s'agit d'un lapin. Pas celui de Pâques ni le poilu, non le lapin le vrai. Celui qui est posé.
Les plantés ce sont nous et le lapin, ou du moins la lapine une candidate qui venait passer un entretien avec notre responsable pour un éventuel recrutement en renfort pour la fin de l'année.
La lapine a fait appeler une tierce personne qui nous a dit qu'elle était tombée en panne sur le trajet et qu'elle attendait la dépanneuse. Nous n'avons pas compris pourquoi elle n'a pas appelé elle-même... Soit.

Puis la journée s'est enchaînée avec des énergies extrêmement positives. Beaucoup de douceur, de bienveillance et de gratitude.

Je n'ai pas souvenir d'avoir vécu une telle journée, avec autant d'expression manifestée depuis mon arrivée. C'est stimulant... Ça ne s'arrête pas.

Cette dame perdue car elle cherche le cimetière à côté pour se rendre à une inhumation, qui revient pour me remercier de l'avoir guidée, et nous dire que nous sommes formidables.

Ce monsieur qui vient assister à une cérémonie et qui « me reconnaît » alors que nous nous sommes juste eus au téléphone.

Cet autre monsieur qui prend le temps de venir me voir pour me remercier pour la rose déposée au sol lors de la sortie du cercueil, il a trouvé ça « très beau »...

On ne soupçonne pas que notre quotidien puisse être envahi par de belles énergies...

C'est tout le paradoxe... C'est ce qui est merveilleux... Pouvoir trouver et diffuser la lumière dans l'obscurité...

Jamais je ne pourrai me lasser de ces moments. Mon métier est passionnant. Les gens aussi. Il suffit juste de le savoir et de s'y intéresser.

« A certains moments de notre vie, notre propre lumière s'éteint et se rallume par l'étincelle d'une autre personne. Chacun de nous à des raisons d'éprouver une profonde gratitude pour ceux qui ont rallumé la flamme en nous. » Albert Schweitzer

VENDREDI 13 SEPTEMBRE 2024

Nous sommes le 13 septembre et nous sommes vendredi.
Je ne suis pas tellement superstitieuse, du moins de cette date et j'ai l'intime conviction en me réveillant ce matin que la journée va être belle.

Aujourd'hui je vais aller en extérieur. Il y a du travail avant l'automne, et le soleil sera de la partie. Je souhaite arracher du lierre, ramasser les feuilles mortes, tondre et nettoyer le puits de dispersion. Mais avant cela, nous avons un entretien en visio avec une candidate pour le poste de renfort. Nous utilisons la technologie car elle habite dans le pays basque. L'échange se passe très bien, elle est à l'aise, souriante. Elle dégage quelque chose d'apaisant, qui fait du bien et qui rassure.
Amanda mène l'entretien, nous posons quelques questions pour lesquelles les réponses nous séduisent. Elle nous parle de respect, d'éthique, de travail en équipe, de discrétion, d'écoute, d'apprentissage rapide. Elle est jeune et fraîchement diplômée mais nous donne la furieuse envie de lui laisser sa chance. L'aventure l'intéresse. Le dépaysement ne l'effraie pas. Le debriefing à son sujet sera court. Elle sera rappelée dans la journée pour le verdict. Premier soleil de la journée[22].

Avec le départ en retraite de notre collègue et l'arrivée de cette jeune recrue, un vent de nouveauté souffle le crématorium. Le changement se profile, c'est une page qui se tourne et une autre qui va s'écrire...

En extérieur, je pense... En m'attaquant au lierre je me refais l'histoire. Tout ce que j'ai vécu depuis que je suis arrivée, les évolutions qui sont nées, les projets que l'on a pour le service, les améliorations que l'on souhaite apporter...

---

[22] Octobre 2024 : Hélas, elle n'aura finalement pas mis les voiles pour nous rejoindre...

C'est tellement riche. Et dire qu'il y en a qui pensent toujours qu'au crématorium nous nous ennuyons.

J'espère qu'un jour ils pourront lire tout ça et que leur regard sur notre quotidien changera...
Personnellement, j'éprouve énormément de gratitude pour tout ce que je vis ici.
Même arracher du lierre me fait plaisir.

C'est un lundi ordinaire. Le planning est rempli. Il semblerait que la phase creuse soit derrière nous.

La journée commence par une cérémonie en toute intimité. La famille et les très proches sont présents. Le défunt était un fabricant de meubles très connu dans le secteur.

L'avis d'obsèques paru dans la presse mentionne une cérémonie en début d'après-midi à la maison funéraire des pompes funèbres, puis l'inhumation au cimetière. À aucun moment n'est abordée la crémation. Cette dernière étant prévue à 9h, c'est donc auprès de l'urne qu'aura lieu la cérémonie publique. L'assemblée risque d'être surprise, car il faut reconnaître qu'il est très rare que les choses se déroulent ainsi.

Mais finalement, est-ce dérangeant de faire la cérémonie en présence de l'urne et non du cercueil ? Car à l'intérieur il s'agit toujours de la même personne... Sa forme physique a juste changé.

Je n'ai jamais fait l'exercice, je ne sais pas non plus quelles peuvent être les réactions manifestées par les gens. Je serai curieuse de le savoir, car il est toujours intéressant de voir comment le monde réagit face à quelque chose d'inhabituel.
Est-ce que les personnes qui sont contre la crémation et qui assisteront à la cérémonie iront se recueillir auprès de l'urne ? Est-ce que les gens considèrent autant l'urne que le cercueil ?

Je pense que je me renseignerai auprès du maître de cérémonie pour savoir comment a été perçue cette approche du cérémonial.

Si la réponse est positive, il pourrait peut-être s'agir d'un début de réflexion sur l'évolution des us et coutumes en matière de rites funéraires.

Une nouvelle façon de rendre hommage et de vivre sa relation au défunt ? Par conséquent un questionnement sur son rapport à la mort, et à la vie...
Et vous, où en êtes-vous ?

Nous sommes parfois témoins d'histoires qui font froid dans le dos...

Cette dame qui nous appelle de la région parisienne est désemparée... Elle a reçu dans un sac ce qu'elle pense n'être qu'une partie des cendres de son frère. Le colis a été envoyé par la fille du défunt, en lui demandant de bien vouloir faire le nécessaire pour que les cendres soient transportées en Syrie, leur pays d'origine.

La crémation ayant eu lieu chez nous, elle nous appelle car il lui manque un document pour le dossier de la préfecture : le procès-verbal de la pose des scellés.
Elle m'explique l'histoire, elle n'a pas d'urne, juste le sachet avec les cendres.

Elle se demande si elle a la totalité des cendres et n'a aucun moyen de le savoir... Elle n'a aucun contact avec la fille du défunt. Le poids des cendres qu'elle a en sa possession ne permet pas non plus d'affirmer qu'elles sont toutes là où qu'il en manque. Pour seule information, je lui indique que lors de la remise de l'urne au crématorium, les cendres ont été remises en totalité dans une urne à la fille de son frère en vue d'une dispersion en pleine mer...Est-ce que celle-ci a été faite, nous ne le saurons pas...

Elle me dit partir en Syrie dans 3 semaines.
Je l'invite à se rapprocher d'un opérateur funéraire proche de chez elle pour d'une part acheter une urne et effectuer le transfert des cendres et d'autre part contacter la police pour la pose des scellés et obtenir le procès-verbal qui permettra à la préfecture de délivrer le laisser passer mortuaire.

Concernant l'aspect éthique et toutes les questions que cette situation peut soulever en termes de traitement avec respect, dignité et décence des cendres, je l'informe que si elle en ressent le besoin, elle peut se rendre à la police pour expliquer la situation et déposer une plainte. Au regard des conditions dans lesquelles elle a été amenée à prendre en charge les cendres de son frère, cela pourrait être justifié...

Cette histoire témoigne malheureusement des dérives possibles avec des cendres qu'il ne serait pas permis d'envisager avec un cercueil. Beaucoup de personnes pensent qu'il est possible de séparer des cendres, de se les répartir, ou d'en mettre à plusieurs endroits. Pas toujours dans de mauvaises intentions heureusement...

La détresse chez cette dame qui ne sait même pas si elle a la totalité des cendres de son frère en sa possession. Cette question qui subsistera toujours dans son esprit. Ce deuil qui pourra se compliquer. Cette paix qui finalement n'est pas encore accordée à ce défunt...

Cette histoire soulève de nombreuses interrogations et ce n'est pas la première fois que je me dis que la réglementation devrait être plus stricte avec les cendres...

Trop de portes sont ouvertes et parfois, il y en a une qui nous claque en pleine figure.
J'espère que ce monsieur finira par reposer en paix... En mer ou en Syrie, chez lui.

MERCREDI 18 SEPTEMBRE 2024

Opération top confidentielle.
Des jours de préparation.
Des messes basses, des échanges en secret, des surveillances constantes de portes, des appels qui peuvent paraître suspects, de l'argent qui se promène, des cadeaux, et une super responsable en visio...

Voici une partie des ingrédients de notre tambouille pour organiser un petit goûter en l'honneur de notre collègue Bruno qui cesse ses fonctions vendredi, après 20 ans de bons et loyaux services au crématorium. Son nouveau programme : la retraite.

Aujourd'hui était le seul jour où nous pouvions tous être réunis. La surprise fût réussie. De l'émotion, des larmes et la réalisation.

Que peut-il se passer dans la tête d'une personne quand elle vit ses derniers instants professionnels ? J'imagine que pour certains la joie doit être immense de quitter un travail qui ne leur plaît pas mais Bruno lui, il adorait son travail.
C'est d'ailleurs ce qu'il nous dit entre deux sanglots.

Il exprime combien il a été heureux au crématorium, que nous avons de la chance d'être ici et de faire ce magnifique travail.

Je suis d'accord.

Il souhaite que l'on garde cette implication et cette motivation, que l'on se soutienne et que nous continuions ainsi...
Il est certain que le changement va se faire sentir. Son absence laissera un vide, puis l'histoire du crématorium se poursuivra...

Bruno aura marqué des pages, à nous de griffonner la suite, en gardant les mémoires des anciens dans notre esprit...

« Le vieux sage a dit : l'homme jeune marche plus vite que l'ancien mais l'ancien connaît la route. » Proverbe africain

C'est une bien belle journée qui s'annonce, en prime sous le soleil.
D'après la météo c'est probablement le dernier jour ensoleillé avant un moment...
On en profite.

Nous n'avons aucune crémation de programmée aujourd'hui car sont prévues différentes interventions : contrôle électrique du bâtiment, remplacement des grilles d'aération en partie technique, et possible changement d'une pièce de notre système de filtration.

Notre programme est tout vu d'avance, ça sera extérieur. Nous avons beaucoup à faire.
Nous attaquons par l'entrée du cimetière, puis le petit passage qui mène aux columbariums. Taille, arrachage, et désherbage, nous faisons place nette ! Le changement s'y connaît.

J'observe autour de moi, je suis bien. Mon collègue souffle les feuilles, il semble heureux aussi. Ce travail d'extérieur nous plaît car il nous permet de prendre soin autrement des défunts et de leur famille. C'est aussi notre environnement de travail...

Mon regard s'arrête sur les velux qui donnent sur la salle d'accueil. Ils sont sales, ils n'ont jamais été nettoyés depuis que je suis arrivée. Il faut dire qu'ils sont difficilement accessibles. Rappelez-vous, le crématorium a une forme de pyramide. Les velux se trouvent sur une des faces entourée par les bassins.
Des demandes ont été faites à différentes personnes et entreprises pour un nettoyage. Toutes ont décliné en invoquant la difficulté d'accès des carreaux.

C'est vrai que nous ne pouvons pas franchement remercier l'architecte qui a conçu le bâtiment d'avoir pensé à l'ergonomie...

Il n'empêche qu'aujourd'hui il fait beau, alors je décide d'en découdre avec ces fenêtres.

Je tente l'échelle mais elle glisse dans l'eau... Je choisis donc l'option Spiderman, en me hissant sur la façade jusqu'au bloc des velux. Il y en a 8. Ceux des côtés ça va aller, ceux du milieu ça sera plus compliqué...

Les collègues me passent depuis l'intérieur les brosses, éponges et chiffons. C'est sportif, il faut trouver les appuis. Ne pas tomber car en bas c'est l'eau.

C'est difficile à nettoyer, il reste quelques traces mais le résultat en vaut la peine.

Vus de l'intérieur, selon la position du soleil, on pourrait croire qu'ils sont vraiment propres !

Cette session de nettoyage ultra sportif m'aura occupée un bon moment. Il m'a fallu assurer ma sécurité avant tout, la vigilance était de mise.

Je ne pense pas que l'on recommencera de sitôt un tel chantier !

Le bilan de notre journée est très satisfaisant. Nous sommes ravis d'avoir relevé le défi des velux et réfléchissons déjà à notre prochain projet d'envergure : l'aménagement d'un petit espace au jardin du souvenir, qui actuellement ne ressemble plus à grand-chose...

« Pour exécuter de grandes choses, il faut vivre comme si l'on ne devait jamais mourir. » Vauvenargues

Cette journée est particulière... Je ne suis pas dans les meilleures dispositions je dois l'admettre.

Mon corps est courbaturé des suites des acrobaties de nettoyage d'hier, la journée est très chargée et mon collègue Bruno cesse officiellement ses fonctions ce soir...il part en retraite.

Tout ce qui va se passer aujourd'hui aura le goût de la dernière fois avec lui...et cela me rend triste.
Ce n'est pas une mauvaise tristesse, c'est plutôt la tristesse liée à la nostalgie, aux souvenirs des moments heureux que nous avons partagés...

Son départ fait ressurgir beaucoup de choses, mais annonce également un grand changement pour le service... Une réorganisation, un ou une nouvel.le collègue... C'est une page qui se tourne.
Cela faisait 20 ans qu'il travaillait ici...

Je ne sais pas trop comment il vit sa dernière journée, nous n'avons pas le temps de discuter. Le travail s'enchaîne... Mon autre collègue fait du rab pour rester jusqu'au départ de Bruno.
C'est donc seulement à 17h, à la fermeture du crématorium, que tout retombe, que les larmes se libèrent et que nous pleurons tous les trois comme des canards.

Bruno restitue son trousseau de clés, et se dirige vers la sortie sans se retourner. Nous le suivons, jusqu'au bout, sur le bord de la route. Nous ne parlons pas, trop d'émotion, trop de fatigue. Juste nous ressentons.

Une carrière qui se termine. Une nouvelle vie qui se dessine.

Bruno, merci d'être ce que tu es. Je te souhaite le meilleur pour ta retraite.

« La retraite est une aventure dont vous êtes le héros. » Friedrich Nietzsche

Jour de reprise après une semaine de coupure et de belles visites en Dordogne.

La semaine s'annonce chargée. Non. La semaine s'annonce très chargée...

De grosses cérémonies, de jeunes défunts.
Nous ne sommes que deux agents, notre collègue est en congés.

La journée s'enchaîne à une vitesse folle. Nous n'avons pas une minute. Dans ces moments, le départ en retraite de notre collègue se fait sentir... Le téléphone qui sonne, les combinés sans fils qui ne fonctionnent plus, courir pour décrocher à l'accueil. S'occuper des dossiers, des convois, des cérémonies, des petits problèmes à droite, à gauche, et surtout des familles et des défunts...

Les journées où tout s'enchaîne, où vous n'avez pas le temps de lire les mails, où il faut être concentré, réactif, efficace et lucide. Sans ne jamais laisser paraître que vous êtes à flux tendu...

Car comment envisager de ne pas être pleinement présent pour cette famille dont le défunt de 40 ans a fait un malaise cardiaque sur un terrain de foot ?
Comment envisager de ne pas être pleinement présent pour ces parents qui viennent de voir leur fille se suicider à 16 ans ?
Comment envisager de ne pas être pleinement présent pour cette autre famille qui dit au revoir à cet aïeul chéri ?

Encore une fois, pour tous ces gens ce moment est unique. Nous devons, en toutes circonstances, être dignes de leur chagrin.

Avec le collègue, nous nous encourageons, nous soutenons, nous rassurons.
Nous savons pourquoi nous sommes là.

Pour cela, nous puisons au plus profond de nos ressources pour trouver l'énergie dont nous avons besoin.

Et elle ne nous manquera pas. Car au final, ce sont eux qui nous la transmettent...

MARDI 1ER OCTOBRE 2024

L'écoute, l'attention, la présence, et l'intuition...
Compétences ou qualités bienvenues sinon indispensables dans notre profession.

Lors de la cérémonie où j'assiste l'opérateur funéraire je suis concentrée sur les prises de parole. Ces dernières sont accompagnées d'une mélodie jouée à la guitare par un membre de la famille. C'est très joli.

J'écoute et je cherche quelque chose qui me permettra de rebondir tout à l'heure. En effet je suis chargée d'accompagner la famille pour la dispersion des cendres au jardin du souvenir dans l'après-midi.

C'est un jour très pluvieux et lorsque j'entends dans l'hommage des petits enfants un passage sur l'intérêt prononcé de la défunte pour une chanson de la compagnie créole, j'ai un flash dans ma tête.

La dispersion se fera sous la pluie mais avec la compagnie créole.

Lorsque la famille se présente à l'heure dite pour ce rendez-vous, ils me demandent s'il est possible de diffuser de la musique car ils ont prévu une enceinte portative. Je leur demande s'ils ont fait le choix d'un morceau en particulier et je les informe de l'idée que j'avais derrière la tête:

« Pour être tout à fait honnête, avec la pluie que nous avons aujourd'hui et suite à l'hommage que j'ai entendu ce matin je voulais diffuser la chanson de la compagnie créole.

Ils se regardent, sourient, me regardent, hésitent un instant.
— C'est une excellente idée, en même temps c'est tout à fait elle... ! »

C'est donc sur les paroles de « Vive le douanier Rousseau » qu'ils partagent leurs souvenirs et s'accordent un moment de recueillement auprès de l'urne avant la dispersion.

« Cela nous aura fait rire. Merci. me dit une des filles.
— Merci pour votre gentillesse et votre professionnalisme. » glisse sa sœur.

Ma mission est accomplie. De cette dispersion, j'espère que la famille ne retiendra pas que la pluie, mais aussi le soleil que nous avons tenté d'apporter par l'écoute de cette chanson si chère à la défunte...

Parce que j'ai ressenti cette évidence à l'évocation de cette chanson, parce que je veux toujours faire du mieux possible, parce que chacun de ces moments est unique pour ceux qui les traversent, parce qu'il est important de pouvoir créer un lien même éphémère avec ces familles... Pour toutes ces raisons et bien d'autres encore je continuerai de suivre mon intuition.

« La seule vraie chose précieuse est l'intuition. » Albert Einstein

MERCREDI 2 OCTOBRE 2024

Certaines journées sont très chargées en émotion... Aujourd'hui est de celles-là.

J'officie pour un homme de 60 ans. Sont présents sa femme, ses deux enfants et d'autres membres de la famille ainsi que des amis. Au total une trentaine de personnes.

Lors de la préparation de la cérémonie, au téléphone j'ai été touchée. La voix de sa fille... si mignonne quand elle me nommait les chansons qu'ils avaient choisies pour son papa.

Je ne saurai comment l'expliquer mais parfois nous savons, ou devrai-je plutôt dire nous sentons, que nous devons être très présents pour la famille. Ils sont en général perdus, se posent beaucoup de questions, et leurs émotions sont amplifiées.
C'est ce que je vis avec eux, notamment avec le fils du défunt.

Lors de leur arrivée au crématorium, ils me touchent par leur solidarité, par leurs bras accrochés les uns aux autres... Je prends le temps de tout leur expliquer, de refaire le point, et d'apporter les dernières modifications au déroulé de la cérémonie.

Cette dernière est très dure pour le fils. Il parvient à s'approcher du pupitre pour adresser un dernier message à son père... Pour lui demander d'être présent quand naîtront ses jumeaux...
Sa petite sœur de 13 ans ne pleure pas, elle retient tout, reste digne en regardant le cercueil de son père. Pour son frère, c'est trop difficile, le chagrin prend le dessus. La disparition est trop brutale, trop dure. Les sanglots éclatent...

Il est souvent vain de tenter de réconforter quelqu'un dans cet instant... Le mieux est d'accueillir ce chagrin et de le laisser s'exprimer... Aujourd'hui, à ce moment, il a toute sa place.

L'hommage fut beau, le dernier geste auprès du cercueil empreint d'amour et d'affection.
Je ne me lasserai jamais de ces moments.
Ils sont un condensé d'une vie entière à aimer. Certains dans la pudeur, d'autres dans l'expression.

À l'issue de la cérémonie, le fils peine à reprendre ses esprits. Je lui offre un verre d'eau et m'éloigne, le laissant avec ses proches. Il reviendra vers moi quelques instants plus tard pour me remercier...
J'accueille ses remerciements avec beaucoup de gratitude... Je suis toujours touchée qu'en de telles circonstances ils prennent le temps de nous témoigner cela.

Lui pleure son père, et moi, au fond de mon cœur, je suis une fois de plus confortée sur le sens que je souhaite donner à mon métier.
Je suis une fois de plus confortée sur ce qui me fait me lever chaque matin.

Je vous assure, ces accompagnements, ce sont de vraies leçons de vie, de don de soi, de présence, d'écoute et d'empathie...

J'ai attendu d'avoir 30 ans pour m'engager dans le milieu funéraire. Aujourd'hui, je ne me verrai plus faire autre chose que d'accompagner les familles et les défunts...

Ils m'apprennent tellement...

3 avril 2024 - 3 octobre 2024

6 mois. Je vous avais promis de vous raconter mon quotidien au crématorium durant 6 mois. C'est chose faite.

Je ne vous ai rien caché, je vous ai tout partagé, dans la plus grande transparence : mes doutes, mes joies, mes émotions.

À tous ceux qui pensaient que le crématorium était ennuyeux et que nous n'y faisions pas grand-chose, j'espère vous avoir prouvé le contraire.
À tous ceux qui ont pu avoir des à priori sur le professionnalisme des agents funéraires, j'espère vous avoir montré à quel point le respect et l'éthique sont indiscutables dans notre équipe.
À tous ceux qui se demandent comment on peut en arriver à travailler dans un crématorium, j'espère vous avoir démontré combien la notion de service public et l'accompagnement sont plus qu'une mission, qu'ils sont une véritable vocation et d'une richesse sans nom.
À tous ceux qui aimeraient tenter l'aventure professionnelle du funéraire, j'espère vous avoir donné l'envie de sauter le pas, car nous avons cruellement besoin de vous, de votre empathie et de votre bienveillance.
À tous ceux qui doutent qu'il soit possible de s'épanouir professionnellement dans un environnement funeste et funèbre, j'espère vous avoir convaincus.

Vous raconter aussi assidûment et profondément mon quotidien a été une aventure fabuleuse car chaque jour passé n'a fait que conforter ma vocation et mon envie de servir.

A tous ceux qui sont arrivés au bout de ce récit, je tiens à vous dire merci. Merci pour le respect que vous porterez aux familles dont je vous ai partagé le chagrin. Merci pour votre empathie, votre compréhension, votre curiosité et votre ouverture d'esprit à l'égard de notre milieu si atypique...

A vous tous, j'aimerai vous dire ceci :
Vivez pleinement, aimez et pardonnez.

Mes derniers mots seront pour les familles et les défunts accompagnés depuis mon arrivée au crématorium.
Je souhaite leur témoigner ma plus profonde gratitude. Grâce à eux, je connais le sens du mot "vivre". J'exerce mon métier avec passion et vocation et je mesure ma chance à chaque instant...

J'aimerai qu'au milieu des ténèbres, chacun puisse ainsi trouver sa lumière...

Table